元極道牧師が聖書を斬る！

マタイの福音書（下）

昔極道・今キリスト教牧師 進藤龍也の源流

進藤 龍也

はじめに

　この本は下巻から読んでもわかるようになっている。

　ゆる〜い聖書の解説本なのよ。

聖書は絶対に面白くなる！

　と断言して上巻は始まって、下巻の出版まで二年以上経ってしまったけど、その間にコロナウィルスがあり、大変な時期を乗り越えて来た。

　旧約聖書で疫病は、神の裁きだったりするんだけど、むしろ今は世の終わりが加速していることの現れだから、神の裁きにフォーカスするよりも、私たち人間が、神に対して感謝の足りなかったことを悔い改める良い機会だと私は思う。

　コロナの前には新会堂が埼玉県川口市南鳩ヶ谷 5-16-18 に与えられて、お茶の水クリスチャンセンターで行われて来たザアカイの家（毎週木曜夜 7 時）も新会堂に移した。借金返済を確実にしながら、世界的なコロナショックの焦りは少しはあった。不安は不信仰だと教えていながら、不安があった！笑

　けどね、コロナショックでハワイの刑務所での講演が中止になった。アラスカの教会も行けなくなった。毎年行き続けているベトナムにも政府から渡航自粛が出て行けなくなって、ちょうどオンライン礼拝に切り替わった頃に、YouTube 礼拝の道も開けて来た。平安の根拠は神にある。この世的に根拠のない経済的平安があるのは感謝なことだね。

　大作家ではあるまいし、書籍で儲かるものではない。一人でも多くの人に聖書、イエス・キリストを知ってもらうためだ。この

事が私の生きがいであり楽しみであるんだから。

　長くなっちゃったけど

聖書の通りに生きてご覧！
人生が変わるよ！
何より自分自身が変われるよ！
付き合う人だって変わってくるよ！

祈る時に天使が応援してくれるんだから
当たり前なんだけどね！

　そうそう、次回作は私の天国にいる娘のことを通して「自死」
について本を、自死遺族のために、そして「消えてなくなりたい」
と思っている人に書き残しておきたいと思っている。

この本を読めば「聖書」は 100 倍楽しくなる！
私が保証する！・・・いや、
イエスさまが保証する！

罪人の友 主イエス キリスト教会

進藤龍也

目　次

はじめに……………………………………………… *2*

第 15 章 ………………………………………… *7*

第 16 章 ………………………………………… *15*

第 17 章 ………………………………………… *23*

第 18 章 ………………………………………… *33*

第 19 章 ………………………………………… *43*

第 20 章 ………………………………………… *49*

第 21 章 ………………………………………… *57*

第 22 章 ………………………………………… *71*

第 23 章 ………………………………… *83*

第 24 章 ………………………………… *91*

第 25 章 ………………………………… *99*

第 26 章 ………………………………… *107*

第 27 章 ………………………………… *129*

第 28 章 ………………………………… *143*

巻末目次 ………………………………… *149*

同じ匂いがした男　鈴木啓之牧師 ………… *170*

編集後記　　　　編集者 半田龍一郎 ……… *172*

第 15 章

昔の人の言い伝え

マタイの福音書 第 15 章 1 ～ 20 節

● 要注意人物に指定されたイエス

この 1 節から 2 節、パリサイ人や律法学者たちがエルサレムからイエスのとこに来て言った。これはイエス様を監視するため、あるいは調査するために、実はサンヘドリンという 70 人の議会なんだけれども、どんな人たちがいたかと言うと、パリサイ派とサドカイ派という階級の人たち。

この人たちは首都であるエルサレムから全国に派遣されてバプテスマのヨハネが出てきたといえば、どんなやつかって調べに来ました。

そしてイエス・キリストがヨハネのよりも大きな軍団になってきたので調査しに来ました。

そして本当に、ここら辺からイエス・キリストを殺す相談をしていく、その変換期というか、これはこのまま生かしておいてはいけないぞという時なんですね。

● 口伝律法が権威になってしまった

4 節の父と母を敬うこと、この諺というのは、実は諺じゃなくて、実はラビたちが作り出した律法の解説書です。

でも、この事細かな口伝律法というものが、元々のこの聖書よりも権威になってしまった。

これが問題なんですね。それによって、その時代も今の時代もそう、親のことを扶養したくない、親を面倒見たくない人たちの言い訳として、神への捧げものになったから、あなたにあげられなくなったっていう、悪用してた人がいたっていうこと。

第15章

第16章

第17章

第18章

第19章

第20章

第21章

　それから元々のこのミシュナの意味は、捧げたものをひるがえしてはならないという教えのためなのにミシュナ（口伝律法）自体が、もうちゃんと理解されないでいたってこと。

　それをイエス・キリストは言っていて「自分の自分たちの言い伝え口伝律法のために神の言葉「父と母を敬え」という神の律法を無にしてしまいましたよ」と。

　そしてイザヤのみ言葉を持ってきてイエス・キリストは諫め、この通り、この時の預言としてイザヤがあるんですよと。

　まったくあなたがたのことをイザヤは言ってる。700年前のイザヤが言ってるんですよと言ってるんです。

　そして、この11〜20節までのお話は、「口に入るものが人を汚すんじゃない。口から出てくもの、それは考え。自分の思っていることが口に出る。それが人をも汚すし、自分も汚す。」いつも卑下。自分なんて自分なんて、これをね、なんて言ってるかっていうと「傲慢」って言います。　ゴウマン！

　神の言葉に同意しないことを傲慢、高ぶりと言います。

　あなたは愛されてるよ、あなたは赦されてるよ、あなたは尊い存在なんですよ、という神の言葉を否定して、私なんて愛される存在ではない、私なんて赦される存在じゃないと、神の言葉を否定する。これが高ぶりです。

　ですから、皆さん自分の言葉で自分を汚すことをやめましょう。

　そして自分から出て、この口から出てくる人への非難をぜひですね、口に出す前に一回飲み込んで、それは呪いとして、出ていかないようにいたしましょう。

合わせて読みたい

・旧約聖書 イザヤ書 29章
・ガラテヤ人への手紙 5章 18節〜 26節

カナンの女の信仰
マタイの福音書 第 15 章 21 〜 28 節

● しつこい？カナンの女

　このツロとシドンというのは、現在ではレバノンということになる地域でございます。ヨシュア記においてはアシェル族にあてがわれた土地なのにアシェル族は奪えなかったという歴史があります。このツロとシドン、もちろん異邦人の国です。そして、ここに出てくるのはカナン人の女ですから、私たち異邦人である日本人だったり、アメリカ人だったり、ユダヤ人以外の民族が救われるっていう預言的な物語なんだけど、このカナンの女が自分の娘のために、しつこくしつこくイエス様に懇願します。違う話でも、しつこい友達がパンをくれパンをくれという、しつこく。それでイエス様は「羊」を例に出した。これは順序なんですね。

　まず、ユダヤ人の失われた羊以外のところに遣わされていません。ちょっと後に控えてなさいよ、あなた。ものには順序があるんですよ。だけども、このカナンの女は食い下がった。割り込みしていったって話じゃなくて、神様の計画には順序があるんですよ。

　でも、それが覆されるには、熱意と愛っていうことにもなるかもしれません。このイエス様が「子どもたちイスラエルのパンを取り上げて子犬に投げてるのは、良くないことです」というのは、このパンってのは当時、富裕層のナプキンです。パンで口元を拭いて食卓の下に投げると飼っている犬が、そのパンを食べる、こういう意味なんですね。

　だからお前たちカナン人は犬なんだと。でも私は犬でいいんですよ、犬でいいんだよと。その時にそこまでへりくだって、とに

かくあなたの恵みを欲しいって言った人に、イエス・キリストは
あなたの信仰は立派です、と言わしめた。百人隊長も「あなたの
言葉だけ下さい」と言った、その信仰は褒められました。このカ
ナンの女も、ひるまず、イエス・キリストにすがっていく。ここ
にイエス様が順序立てて、まずユダヤ人なんだけれども、その縛
られない自由な聖霊の働きを見ることができる。そういうお話で
す。

合わせて読みたい

・旧約聖書 イザヤ書 23 章

第15章

第16章

第17章

第18章

第19章

第20章

第21章

大勢の病人をいやす
マタイの福音書 第15章29〜39節

● 旧約聖書の預言の成就のまとめ

29節から31節は、イエス・キリストが救い主であり、癒し主である聖書、旧約聖書の預言の成就のまとめです。

手足の不自由なものが治り足の萎えたものが歩き、盲人たちが見えるようになるのを見て驚いた。そして彼らはイスラエルの神をあがめた。

● 四千人に食べ物を与える

32節から39節までは、四千人の奇跡です。その前に五千人の給食の後の四千人。男だけで四千人です。そして、この時の四千人の場合は、七つのパンと少しの魚、感謝を捧げてからこれを割き弟子たちに与えられた。そして弟子たちは群衆に配った。これ何を思い出すでしょうか。これ聖餐式と同じですよね。

僕たちを聖餐を受ける時のは、本当に神の一方的な恵みなんです。カトリックでは「聖体祭儀」「聖体の秘跡」と言いますけども、本当にこの感謝を捧げて一つ一つのそのパンが僕たちは平等に与えられる。人々は食べて満足した。満足した。そしてパン切れの余りを取り集めるんだよ。五千人の給食でも同じように言ったかもしれないけど、これは有り余る祝福です。そして五千人の時は12のカゴ、12のカゴってことは12の弟子が配って歩いて取り集めて、全員が有り余る祝福を持ってきた。四千人の給食の時は、7つのカゴができた。これは7というのは完全な数です。ですから完全な有り余るほどの祝福が恵みなんです。ということはこの

パンを受ける時、聖餐を受ける時、僕たちは一方的な神の恵みを
ただ、ありがとうと、イエス様の十字架の血潮と裂かれた肉を頂
く時に、この感謝があるんです。

合わせて読みたい

・コリント人への手紙第一 11 章 20 節〜 34 節

第15章を終えて
進藤龍也からの質問

見えない神にしか頼れなくなった体験はありますか？

＋　＋　＋　ＭＥＭＯ　＋　＋　＋

その体験がチャンスなのです。

第 16 章

人々はしるしを欲しがる 2
マタイの福音書 第16章1〜12節

● しるしを欲しがる人達って

1節にある、イエスを試そうとして、天からの印を見せてください と頼みました。これがそもそもの大間違いを犯しているパリ サイ人とサドカイ人たちです。

なぜなら神を試してはならないと、イエス様が仰ってるように、 目の前にいる人が神だと思っていないので、試してるんです。奇 跡見せてよって。だけども、イエス様はヨナのしるしの他には、 しるしは与えられていませんよと。ここまで4章までの話ですけ ども、イエス様ね、ヨハネ福音書の20章29節で言ってるのは「見 ないで信じる者は幸いです」

僕たちはね、奇跡や印を通して、みんな、もちろん信仰持って いいんです。だけども本当の信仰ってね、神様が何もしてくれな かった、祈ったことが答えられなかった、これでも僕たちは、神 さまに従いますって。これが THE 信仰です。決して神様が何も してくれなかったとしても、神様を愛します。これが THE 信仰 です。こういう信仰になってきたいですね。

● ブワっと膨れるパン種

そして向こう岸に行ってパンを持ってくるの忘れちゃった弟子 たちが、イエス様にこう言われるんですね。パリサイ人やサドカ イたちのパン種には注意して気をつけなさいよ。

そうすると弟子たちの議論が始まる。これね、いつもそうなの、 いつもどの福音書見てもね、イエス様が言ってることに対して世

の中的な、もう本当に霊的じゃない現実的な話でね、進んでいくの。そこにイエス様が答えを持っていくわけだけど、イエス様、8節「あなた方、信仰の薄い人たち」って言うんですよね。イエス様がいつも弟子たちに怒るのは、いつも信仰のことです。信仰が薄い、あるいは、不信仰ってことだけです。

　僕たちが本当に注意しなきゃいけないっていうか、そのいつも思わなきゃいけないのは、僕たち信仰、本当にあるかなって。信仰働かせてるかなってことを、僕たちはいつも心に留めないといけません。私は、皆さんに髪の毛が薄くなった人達って、いつも言われて悲しい思いをしてます(笑)。まだ覚えてないんですかって。

　で、イエス様ね、五千人の給食、四千人の給食を奇跡を二回見てんのに、まだ悟らないのって言った時に、弟子たちはようやく、これはこっちのパン種のことじゃなくて、パリサイ人たちのことなんだなってことがわかった。このパン種の話って実はね、悪いことだけでなくて良いことのたとえもあるんです。

　ですから、このちっちゃな本当にちょっとのものが、ブワっと膨れるのはパン種ですよね。だから良いことのパン種を僕たちが蒔く時に、そこが広がる。でも僕たちが先ほどの、「あなたから出た言葉が人を汚す」と同じようにちっちゃなパン種、悪いパン種、僕たらが蒔いた時には、ぶわっと大きくなっちゃう。本当に私たちのその心、信仰とは何かというと、心の中、頭の中で描いたものが現実に起こってくる。これが信仰なんです。

　だから、この僕たちの信仰のパン種というのが、ものすごく大切になってきます。このパン種を良いもので膨らませて、現実に移していく、これが信仰です。

第15章

第16章

第17章

第18章

第19章

第20章

第21章

ペテロ、信仰を言い表す
マタイの福音書 第16章13〜20節

● ペテロの信仰告白に対するイエスの答え

　イエス様の御一行は、ピリポカイザリヤに行かれました。ここはローマの主要都市です。ここに船が乗り入れて軍隊が入ってきたり、色んなものが入ってきます。そこには何があったかと言うと、カイサル皇帝の大本山と言えるような大きな偶像があった。

　私はイスラエル牧師優待ツアーに参加したことがあってペテロが信仰告白したところだと言われているところに行ったんですけど、ここに、すっごい崖があって大きな偶像があったらしいんですよね。カエサルの偶像の目の前で信仰の告白をして、真の神だって言った。もう感動しましたね。

　それが預言としてね。イエス様17節で、このことをあなたに明らかにしたのは人間ではない。お前じゃないんだ人でもないんだ。天にいます私の父、神なんだ。これはもう誰にも誇らせない。この信仰というのは、本当にプレゼントなんですよ。どんなに頭が良くても、どんなに聖書に精通してても、聖霊なる神が働かなければ、処女から生まれてきた神の子がいるなんて思えないし、ノアの方舟のことも本当にあったなんて思えないし、聖霊が働かなければ僕たちは信仰をもてない。ということは、つまり信仰は神からのプレゼント。これだから誰も誇れないってことを明らかにする。それだけじゃない。信じてるものは、天の鍵を持ってるんだって。要するに、キリストの権威を僕たちは持ってる。でも権威を全員持ってるからこそ、僕たちは権威のものに従っていく。自ずと従っていく。へりくだる者が高められる。同じようにこの権威を認めるって事は、実は立てた神を認めるってこと。ですか

ら僕たちが立てられた権威、牧師も色んな権威がありますよね。大臣もそうだし、学校の先生もそう。そこに従うことができないというのは実は立てた神に従わないととと同じになるんです。

まあ、このことは置いといて、あなたはペテロですよって、岩ですよって、信仰の岩ですよ、私キリストは、この岩の上、この岩の上っていうのがね、私たちはプロテスタントはね、信仰の上に、あなたの教会建てますよって。私もこの信仰によって、14年目の礼拝を新会堂でね、裸一貫で出てきて、スナックでお母さんの店での礼拝を続けてきて裸一貫、何もないところから、この新会堂が与えられた。これって信仰の上にこの教会が建った。

この岩というのは信仰の上ですって、ブログに書いたらですね、カトリックの方から、いや！ペテロの墓の上に建ってるんだということを言われてですね、これは、まあ信仰の違いですので、カトリックの方を批判してるんじゃなくて、これは信仰の違いですからどちらでもいいんです。ただ僕たちの信仰は、信仰の上に教会。教会って何？って言ったら建物じゃないんですよね。人の救われていく人たちの集まりです。これが、人が救われていくってことが、教会として成ってくってことなんです。

そして、あなたは地上、その天国ね。僕たちは赦された者として赦してく鍵を持ってるか、ちゃんとしてね、この鍵をね、いつも持ってる。これ鍵持ってるということは凄く責任があるんですよ。あなたが赦さないのは赦さないということだ。あなたが赦さないってことは、自分も赦されないってことだ。責任のある鍵の管理者になってる。そのことを十分に理解しておきましょう。

第15章

第16章

第17章

第18章

第19章

第20章

第21章

イエス、死と復活を予告する
マタイの福音書 第 16 章 21 〜 28 節

● 第 1 回　十字架と復活の予告

　21 節、3 日目に甦らなきゃならないんだ！と示した。十字架と復活の予告第 1 回目です。

　そして、さっき「あなたは生きる、誠の神の子キリストです」と言ったペテロが「下がれサタン」と言われまして、私もそんなこと言われたら、もうつまずいてイエス様について行けなくなるかもしれませんけども、ここがペテロのすごいとこでね、自分に言われたんじゃなくて自分が間違った発言をさせている悪しき暗闇の力にイエス様が叱っているということを理解できたんではないかなと私は思うんですよ。そう思わなかったとしても何故ここでつまずかなかったのか。それは寝食を共にしたイエス様に本当に愛されてるっていう事を確信してたからではないかなと思いますけど、「あなたは神のことを思わないで人のこと思っている」ってイエス様の言葉。これはやがてイエス・キリストが十字架で全ての人の罪と咎と呪いを追って死んでいく犠牲の生け贄としての十字架を「ペテロ、お前はわかってない！」と言っているのです。

　そして 24 節に「誰でも私についてきたいと思うなら」ですから、ついてきたいと思うの人だけが行けばいいんです。そして、そのついてきたいと思うのが、ペテロのように弟子としてついていく人。そして自分を捨てというのは、自分の自分らしさじゃないんだよ。自分らしさまで捨てちゃいけない。自分を捨て、という言葉は、自分のしたいことよりも、神が自分にしてもらいたいことや、神が作られた私が何のために生きてるのか、使命というものを自分の欲求ではなくて、神がされたいことを優先してく人生。

そして自分の十字架負い、というのは自分の、この罪をイエス様が負ってくださったんだという思い。

　もう一つの読み方は、十字架を背負ってない自分の作られた本来の姿ね、自分の価値です。その価値ってのは、イエス様が十字架について死んでくださった価値がある。そして自分には目的がある。自分には命、この命を生きていく使命がある。これを負って、それを理解した上で、実は私にキリストに付いていかなきゃいけないんだけど、もう付いてきなさいよと言ってるんですね。そして、本当にイエス様が、ここで言ってる全てのものを手に入れても、あなたは死んで生きていなかったら、地獄に行ったら何の意味もないでしょ。僕たちは本当にね、金より神を大事にしなければいけません。イエス様も同じ事言ってます。二つのものに仕えることはできませんよって。金か神、どっちかに仕えるしかないんですよ。もうそのためにも、僕たちはね、十分の一献金というのをしています。

　ほんまもんのクリスチャンは収入の十分の一を、お捧げするんですよ！

合わせて読みたい

・ヨハネの黙示録 1 章 1 節〜 8 節

第15章

第16章

第17章

第18章

第19章

第20章

第21章

第 16 章を終えて
進藤龍也からの質問

あなたの人生の宝は何ですか？

+ 　+ 　+ 　MEMO 　+ 　+ 　+

第17章

イエスの姿が変わる　その1
マタイの福音書 第17章1〜13節

● イエスの変容

　俗にいうイエスの変容ということで、この高い山に導いていかれたイエス・キリストの弟子。いつもペテロとヤコブとヨハネ。そしてこのペテロのね、すっとこどっこいが始まって、このヘルモン山に、イエス様は登っていかれるわけですよね。そして2節に御衣は光のように白くなった。そしてモーセとエリヤが現れて話し合ってるではないか。何でモーセ、エリヤ、会ったことあるんかいっ！てね。顔見たことないだろみたいなね。写真もねーだろこの時代みたいな。けど、なんでわかんのか？　わかるんですよ。どこで分かるか？　霊で分かるんです。

　僕たち聖書を読んで頭でわかる以上に心でわかるっていうのはね、聖霊の働きです。だから顔も見たことないモーセとエリヤを見て、モーセとエリヤってわかったんだね。これが霊の世界です。

　それから何でモーセとエリヤなんでしょうか？　モーセは律法の代表者です。律法を授与され、モーセ五書（創世記・出エジプト記・レビ記・民数記・申命記）を書いた。そしてエリヤは、預言者の代表者。この二人の代表者と会うってことは、もう三位一体のような鋭さなんですけども。

　また、すっとこどっこいのペテロが、この三人のために幕屋を三つ作っちゃいましょう、みたいなこと言うんですよ。でも言うべきことがわからなかったって書いてあるんだよね、違う箇所では。言うべきことはわからないのに言ってしまう。これも僕たちにもあるようなことですよね。言わなきゃいいのに言っちゃうみたいね。でもこんなペテロをイエス様は誰より愛したんだよね。

本当。

そして、このヨハネもさ「ボアネレゲ」といって「雷の子」「短気者」なのに、パトモス島に流される時には「愛の人」って言われてる。

合わせて読みたい

・旧約聖書 出エジプト記 33 章 7 節〜 11 節

イエスの姿が変わる　その2
マタイの福音書 第17章1〜13節

● 愛する子、これはわたしの愛する子

　この変容だけじゃなくて、ここでね、もう一度イエス様が洗礼受けた声が聞こえるんです。愛する子、これはわたしの愛する子、私はこれを喜ぶ。彼の言うこと聞きなさい。

　僕たちはね、イエス様にしたいことやめたら本当に良くならない。従い続ける。聖書のね、全部信じるって事は、これはちょっと後でやろうかなあ、ちょっと十一献金はこれちょっとまだできないからできないよ。っていうね。「これは受け入れる」「これは受けいれない」だと、これは従ったっていうことにはならないんです。厳しい世界です。

　そして、イエス様は、御衣が変わった、白くなった。イエス様が受肉される前のような天国に居たころの輝きになった。これはね黙示録1章の12節。ちょっと読んでみますね。「そこで私は私に語りかける声を見ようとして振り向いた。振り向くと七つの金の燭台が見えた。燭台の真ん中に、足まで垂れた衣を着て、胸に金の帯を締めた人の子のような方が見えた。その頭の髪の毛は白い羊毛のように、また雪のように白く、その目は燃える炎のようであった。」これが 天にいらっしゃるイエス様の姿です。このような厳かで、神そのもののイエス様のようになったってこと。そうすると、このパトモス島で見たヨハネがね、ひっくり返って気絶したようにペテロも、もう「ええっ！」てなっちゃった。

　イエス様は「起きなさい。怖がることはないよ」って。いつも僕たちを励ましてくれてる。そしてイエスは、ペテロの答えにね、こういうんですよね。10節。「そこで弟子たちはイエスに尋ねて

言った。すると律法学者たちがまずエリヤが来るはずだ。一体どうしてでしょうか」この時点ではまだね、ペテロはイエス様を、預言者の一人として見てるんですよ。だからエリヤとモーセも見たでしょ。同じような預言者は目の前にいるって。だからエリヤのこと言うんですよね。で、イエス様が、そうじゃないもうバプテスマのヨハネが預言されてるエリヤなんだってことを教えるわけですよ。その時に初めて彼らは理解するっていうお話でございます。

合わせて読みたい

・旧約聖書 マラキ書4章4節〜6節

悪霊に取りつかれた子をいやす
マタイの福音書 第 17 章 14 ～ 23 節

● 信仰の根本とは

　これは悪霊による病の癒しと同時に、イエス・キリストの悪霊追い出し。愛は開放。そのことを言っていますけども、イエス様がいつも言いますが、弟子たちに怒ること、怒るというか、まぁ指導したりちょっとイラっとすることは、不信仰なんですよ。この弟子たちは言うんですね「なぜ私たちは悪霊を追い出せなかったんですか？」イエス様は言われました。「あなたがたの信仰が薄いからです。」信仰ですよ、信仰。そこでイエス様は「からし種ほどの信仰があれば山を動かすほどになる」と。この、からし種は、本当にちっちゃい。種の中でも一番ちっちゃい種類のものが大きく成長するんだけど、その信仰の種さえあれば、必ず芽吹くんだってことです。でも種はね、信仰の種じゃなきゃダメなんだよ。だからそれに対して、自分たちが、その種が芽吹くには信仰というものを使わなきゃいけない。その信仰は、告白なんですよ。告白。だから、癒されたと信じるね。そして21節、面白いの。「ただしこの主のものは、祈りと断食なくては出てきません」って言ってるの。今の時代、考えてみてください。祈りの中で断食してる人どれだけいるんですか。もちろん断食する人いるけど、だけどこれイエス様、十字架にかかられる前だよね。だから、この種のものは、祈りと断食なの。でも十字架でね、終わったので、もう悪霊、サタンの頭を打ち切られたので今は断食は、いちいちいらないんです。

● 第2回　十字架と復活の予告

第15章

第16章

第17章

第18章

第19章

第20章

第21章

　で、22 〜 23 節、この彼らがガリラヤに集まっていた時に、彼らに言われた。人の子は今に人々の手に渡され、そして彼らに殺されるが 3 日目に蘇ります。すると彼は非常に悲しんだ。これ 2 回目の予告です。もう一回言います。神様がイエス様がその節々にいるんですよ。

　ちょっと少し戻って 20 節だけど、あなたがたの信仰が薄いからです。あなたに告げます。ってとこなんだけど、同じところでね、同じことがマルコにね、こう書いてあるんですね。「誠にあなたに告げます。誰でもこの山に向かって動いて海に入ると言って、心の中で疑わず、ただ自分の言った通りになると信じるなら、その通りになります。これが信仰です。だからあなたがたに言います。祈って求めるものは何でも既に受けたと信じなさい。そうすればその通りになります」ってことはないものをあるかのように信じる。これが信仰なんですよ。信仰っていうのはないから信仰なの。天国に行ったら信仰いらないでしょ。神様と一緒にいるんだもん。神様と今一緒にいない。いや神様が見えないから信仰なんです。

　ここをね、マルコの 11 章 25 節。「また立って祈ってる時に誰かに対して恨み事があったら赦しちゃいなさい。そうすれば天におられるあなた方の父も、あなた方の罪を赦してくださいます」これがキ です。これが祈りが聞かれるキーなんです。祈りが聞かれる Key。癒しが起こる Key です。このこと覚えていきましょう。

合わせて読みたい

・マルコの福音書 11 章 25 節

宮の納入金を納める
マタイの福音書 第 17 章 24 ～ 27 節

● 超常識人クリスチャン

　超常識人クリスチャンというタイトルつけようかな。なぜなら
ね僕たちはね、この世のルールこの世の法律を守りつつも神の律
法、神の愛の律法、福音の中に生きるんですよ。

　例えばですよ結婚式を挙げました。でも籍を入れなかったらど
うなるんですか？　この世とこの世のその責任を果たしてないっ
てことになりますよね？　クリスチャンじゃなくてもね、結婚式
をしたら籍を入れるんですよね。どっちが結婚式なのって言った
ら、神の前で誓うことは確かに結婚式なんだけども、この世のルー
ルを守るために僕たちは籍を入れます。戸籍を作ります。それと
同じように十分の一献金をしてれば感謝献金をしてれば、この世
の税金納めなくていいんだよ、そんなことはありませんね。私た
ちが税金を納めることによってこの国は成り立っていくんです。

　ですからイエス様も同じように 27 節。「彼らにつまずきを与え
ないために」って言ってるんですよね。だから僕たちは世の中の
人たちに証しをしなければなりませんよって。しっかりとした地
に足をつけた生活をして納めるものは、他の箇所では「カエサル
のものはカエサルに」。これは税金のことです。そして神のもの
は神に返しましょう。これは十分の一献金だと私は理解していま
す。超常識人です。世の中のことやって、なおかつ教会生活をし
て。これがねこんな日曜日なのに「もう」と思う時もあるんだけど、
これはイエス・キリストの本当の喜びを知っていないからです。

　僕たちは教会に行くのが楽しい、早く日曜日にならないかなぁ。
そういうクリスチャンで、みなさんがあるように祈ってます。

第15章

第16章

第17章

第18章

第19章

第20章

第21章

新約聖書の通貨単位

通貨名	発行国	比較	備考
レプタ銅貨	ギリシア	1/128	ユダヤ最小通貨
コドラント	ローマ	1/64	公衆浴場の入浴料
アサリオン	ローマ	1/16	雀2羽の料金
デナリ	ローマ	1	労働者1日の賃金
ドラクマ	ギリシア	1	1デナリと等価
宮の納入金	ギリシア	2	銀貨2枚分
スタテル	ギリシア	4	銀貨4枚分
ミナ	ギリシア	100	
タラント	ギリシア	6000	

合わせて読みたい

・旧約聖書 出エジプト記30章11節〜16節

第17章を終えて
進藤龍也からの質問

あなたは信仰による驚くべき体験がしたいですか？

+ + + MEMO + + +

第18章

天の国でいちばん偉い者

マタイの福音書 第18章1〜9節

● 一番偉くなりたいなら

　最初にまたやらかした。弟子たちがイエスのところに来て言った。「それでは天の御国で誰が一番偉いんでしょうか？」。これが私たちの持っている競争心で、持っている私たちの本音ですよね？　これがね、この世の価値なんですよ。一番とんなきゃいけないって言うね。そこでイエスは再三言われている。「一番偉くなりたいものは仕える者になりなさい」「自分を低くするものは高められ、自分を高くするものは低くされる」。これが霊的な法則です。そこで子どもたちを本当に呼んで、ほら子どものようになんなきゃいけないよ、というんですよ。じゃあ子どもって何よ。子どもは競争しないね。子どもは素直に言われたこと、はい。何の疑問もなくやるよね。で、弱い人を助けたい。子どものように素直にならなかったらいけないよって。自分を低くするものね。

　で、この当時ね、あの四千人、五千人の給食を見てたからわかると思うけど、男の成人男性しか数えないんです。ですから子どもは可愛いけど無価値な存在であった時代の話です。だから、無価値で僕たちはモノの数に入れないんだけど、謙遜で、へりくだった人になりなさいよってこと。

● みんな、つまずきを与えちゃうんだよね

　6節からね、「私を信じる小さな者たちの一人にも、つまずきを与えるようなものを」書いてあるんだけど、つまずきを与えるこの世は災いだ、この世ってのは、もう災いなんだと。そして、

つまずきが起こるの避けられない。でも、つまずきをもたらす者は災いだって。これはね、人を見下げる者のことだね。みんなね、つまずきを与えちゃうんです。自分の口や態度でね人を傷つける。だけど、その後の8節から。手を切りなさい、足を切りなさい。古代中国では本当に、あったみたい。だけど、これ本当にこう腕切りなさい、とか言ってる話じゃなくて、悔い改めの重要性を訴えてるとこなんです。ちょっとでも自分の非があるな、ちょっとでも自分が悪かったら、罪が示された時に、手を切るようにそれを自分のものから切り離して、悔い改めないといけないよっていうお話です。

合わせて読みたい

・ペテロへの手紙第一 2 章 1 節〜 6 節

第15章

第16章

第17章

第18章

第19章

第20章

第21章

「迷い出た羊」のたとえ
マタイの福音書 第18章10〜14節

● 全部が尊いんだよ

　前の節から繋がるお話で、あなた方はこの小さなものたちを一人でも見下したりしないように気をつけなさい。人にイラッとした時とか、あるいは憎んじゃうときとか、赦さない思いとかに気をつけなきゃいけないの。それ自体もう良くないけど、その思いも良くないんだけど、もっと良くないのは「蔑む」ことです。なぜならね、あなたの嫌いな人を神様は愛してます。あなたが嫌いな人を作ったのは神様です。そしてあなたの嫌いな人も神の似姿なんです。だからそれを蔑むことは本当によくない。

　10節からの流れで、12節「この99匹を残して1匹を探し出す」。これ99匹かわいそうじゃない？とかね、99匹をほったらかしにしてなんやねんって言うね。そうじゃなくて、この当時の人々が聞いた時に分かるそうです。というのは一つの井戸に羊飼いたちが4人ぐらい、まあ3グループぐらいで来るとするでしょ。そうするとね、羊って目も悪いし、ちょっと頭もトロいんだけど耳だけがいいんだよね。だから羊飼いが「おい行くぞ」って言うと、羊飼いの声でね、色んなグループの羊が来てても、羊は自分の主人である羊飼いの声に従ってくんだよ。

　で、一匹でもいなくなった事がわかったら羊飼いは、別の羊飼い仲間に「99匹をちょっと頼むね。見ててくれよ」と言って、一匹を探しに行くんですよ。そういう話なの。だから一匹が大切で、99匹はぞんざいに扱ってるって言うんじゃなくて、全部が尊いんです。でも失われた一匹とはね、放蕩息子のように死んでいたものが蘇っているような、なくなったものが見つかったよう

な。だから喜びがあるんだよっていうこと。そして、その喜びを
分かち合うってのが一体となるっていうことです。

　神の愛と神の喜びを、喜びとするってことが僕たちにとって最
高のことでしょ？　そういうクリスチャンでありたいと私はいつ
も願っています。

合わせて読みたい

・ペテロの手紙第二 3 章

第15章

第16章

第17章

第18章

第19章

第20章

第21章

兄弟の忠告
マタイの福音書 第 18 章 15 ～ 20 節

● 何の邪魔も入る余地が無いものとは

　教会におけるこの牧会の知恵って言うんですかね。まず一対一で、その罪に対して忠告する。責めるって書いてあるんだけどね。なぜこの一対一が大事なのかってことはね、僕よくわかるんです。っていうのはね、私ね子どもの時から友達がいる前で、うちのお袋は友達がいる前で怒るし、ビンタを食らわせたりね。やっぱり人の前で怒られるとか打たれるってね、自尊心を傷つけます。愛されてんのわかるんだけど、人の前でやんないでよって。やっぱし恥をかかせちゃいけない。というのは僕の中にあります。やくざの時代からそうです。まずパフォーマー的に人の前で権力を誇示するために「俺がボスだー」みたいな感じで怒るって人は、このヤクザのすることですからね。まず一対一。うん。それでも聞き入れないなら言うこと聞かないようであれば、あーまあ誰かを連れて行くね。そして最後それでもだめなら、異邦人のに取税人のように扱いなさいねと。この異邦人、取税人って当時、交わってはいけないよって教えてたんだよね。だけれどもイエス様は、その時の取税人のとこ行きましたね、ザーカイさんとこに。あるいは、このマタイの福音書に書いてある。マタイのところに個人的に行くってことじゃないかなと、私は勝手に思ってるんだけども。

　ここで大切なのは、難しい問題だけど、へりくだんなかったら人の忠告聞けないんですよ。でも、その人のためにもしですよ、僕たちが二人でも三人でも一緒に行った人でもいいね。心合わせて祈るならば、そこに神様がいるって言うね。この凄さ素晴らし

第15章

第16章

第17章

第18章

第19章

第20章

第21章

さ。これをね、どれだけの人が本当に信仰持って信じて、二人三人でいる時には、必ず真ん中にイエス様もいるんだって祈ることはできるでしょうか？　いるでしょうか？　本当に祈ったことは必ず叶えられるんだっていうことなんです。

　一致の力が、なんせ一番素晴らしい。なぜなら愛っていうのは、お互いでしょ。お互いの愛のある所に誰も入り込めないほどの力があるんですよ。神様とのその関係を僕たちは持っていこう。一致の力のところには何も邪魔が入れない。サタンも入れない。そういう力があるんです。

合わせて読みたい

・旧約聖書 申命記 19 章 14 節〜 21 節
・旧約聖書 レビ記 19 章 15 節〜 18 節

「仲間を赦さない家来」のたとえ
マタイの福音書 第18章21〜35節

● 赦すって、どーゆーこと？

　赦されたクリスチャンは赦すものになれというこの箇所なんですけれども、王様に借金がある。この借金が1万タラント、なんと6000億円ですよ。1デナリ（一日の日当）が1万円として6000億円。

　ありえない返しきれない、これが私たちの罪を表しています。この罪をかわいそうに思って、27節「下僕の主人はかわいそうに思って彼を赦し、借金を免除してやった。」これが十字架のお話です。これが十字架なんです。

　なのに僕たちは、この6000億、いやもう払いきれない、絶対に負いきれないこの借金をイエス・キリストは十字架によって全部赦してもらったのに、自分が貸している100デナリ、100万円を返さないヤツを見て、この野郎と言って、そいつの首を絞めて、拉致して、そして地下牢に入れて、こんにゃろめ返せーって言っちゃうんです。

　それを見た仲間が非常に悲しんだって。同じクリスチャンが見てね、非常に悲しんだって。それは、お前が1万タラントという負いきれない借金赦してもらったのに、なんで100デナリの借金を赦してやることができないんだろう？って。この物語は、こう終わっています。「あなたがたもそれぞれ心から兄弟を赦せないなら天の私の父もあなたがたにこのようになさるのです」って。どんなに立派なクリスチャンでも どんなに献金を捧げても、どんなに憐れみ深かったとしても、人を赦せる心がなければ天の父に赦されることがないという厳しいお話です。

またね、この話の最初に、イエス様にペテロがまた質問したんだよね。「私は兄弟として罪を犯した場合、何度まで赦すべきですか？　七度までですか？」仏様は三回って言ってますけど。みたいな（笑）。

イエスはね、七度の七十倍まで、これ490回やればいいってことじゃないんで。491回目に赦さなくていいよって言ってんじゃなくて、永遠に赦しなさいってことを言ってるんだよね。

合わせて読みたい

・旧約聖書 列王記第二 6 章 8 節〜 23 節

第18章を終えて
進藤龍也からの質問

あなたは「愛」を誰かに示したことはありますか？

+　+　+　MEMO　+　+　+

第 19 章

離縁について教える
マタイの福音書 第19章1～12節

● 夫婦の形とは

　イエス様が生きていた、その当時にわりかし、今ほどはなかったかもしれませんけど、些細なことでの離婚というのが風潮としてあったようです。そして、このパリサイ人が、イエス様のところに来て、何か理由があれば妻を離別する事は律法にかなってるんですか？と質問して、イエス様は「創造者は、はじめから人を男と女に作ったんだよ」。そして、この真理をときます。人は父を離れ、父と母を離れて自立していきます。その妻と結ばれ互いの愛の中に入ってきます。この家庭を維持する上で大切なのは、まずパートナーです。そして、その次に実は子どもなんです。子どもがですね、お母さんに怒られて、お父さんとこに「怒られた」って言った時に、お父さんは、よしよしをしていいんですが、お母さんは愛をもって、あなたを叱ったんだよってことを言わなければいけないんですね。ちょっと話がずれました。

　人は神が結び合わせたものを引き離してはいけませんと書かれています。このもともとの、離婚状は律法にかなってるんですか？という、このイエス様への問いは、申命記24章1～4節の議論だと言われています。弟子たちは言うんですよね、もし妻に対する夫の立場が、そんなもんなら結婚しない方がましですと。そもそも、その考えが男尊女卑で、この当時の風潮であると思います。実は罪の結果として離婚があるって事を、まず僕たちは知らなきゃいけない。それから夫婦っていうのは神の形なんです。離婚させるって言う事が、サタンにとっての勝利になるんですね。だから夫婦関係を壊さないために信仰はなくせない。だけど、神の

形である夫婦を壊そうとサタンはやってきます。だから夫婦の中の愛をしっかりとを保っていましょう。

合わせて読みたい

・エペソ人への手紙5章22節〜33節

子どもを祝福する
マタイの福音書 第 19 章 13 〜 30 節

● 子どもたちの扱い

　パリサイ人の議論が終わった後に子どもたちを連れてきた。子どもたちが祈ってもらうために連れて来られるんだけど、そこで弟子たちが彼らを叱った。なんともまあ教えても教えても学んでいないこの弟子たち。子どもたちを受け入れなさいよって言ってんのに本当に子どもの存在というか扱いが本当に現代のようにね、シッシッみたいな感じでいますけども。その後は大事にすると。

● 金持ちと神の国

　16 節からね、また違う話になってきます。

　金持ちの青年が本当に、この子いい子だと思うんですよ。命を得るためにどんな良いことしたらいいんですか？って質問したら、イエス様は言ったんだよね。「戒めを守んなさいよ。殺してはならない、姦淫してはならない、盗んではならない、偽証してはならない、あなたの父と母を敬え、あなたの隣人をあなた自身のように愛せよ。」そしたら、こんなことは全部やってます。みたいに言える？こんなこと言えないよ。普通ね。やってますよみたいな。すげーな。だけどもイエス様は、その傲慢さに、こう答えるんですよ。「もしあなたが完全になりたいならあなたの持ち物を売り払い、全部売り払って貧しい人に与えなさい」って。「そうすれば、あなたは天に宝を積むことになれますよ。その上で私についてきなさい」って言うんですよ。青年は、この言葉を聞く

第15章

第16章

第17章

第18章

第19章

第20章

第21章

と悲しいんで去っていったって。その人は多くの財産持ってたからだって。全部やってるんだっていう、傲慢が打ち砕かれた瞬間です。打ち砕かれるっていう事はね、それを悔い改めるってことだけども、これね伝承だと、実はこれバルナバなんじゃないかって言うね。ユダヤ人の伝承だと、それは使徒バルナバが自分の畑を売って、その売上代金を人たちの足元においたってのは、使徒の働き 4 章 37 節で出てくるんだけども、これがこの悲しみながら帰っていった青年がバルナバだったんだ。彼が回心して人に与えた。証拠としては不十分かもしれませんけれども、ありうる話なんじゃないかなと思います。

そして、この有名なラクダが針の穴を通るが、もっと怪しいよって。ここでの主題っていうのはね、金持ちが天の御国に入ることは難しいね。ラクダが針の穴を通る方が易しいよ。そうじゃなく「神はどんなことでもできます。」これが主題です。

26 節です。そしてペトロが、ご覧ください。私たちは何もかも捨ててあなたに従ってまいりました。私たちは何がいただけるんですか？　イエス様は、あなた達がイスラエルの一二部族を裁くんですよ。ただこれ、先の者が後なり、後の者が先になることが多いんですよ。富と神に仕えることはできない。私たちはその選択をしなければなりません。

合わせて読みたい

- エペソ人への手紙 6 章 1 節〜 4 節
- 使徒の働き 4 章 33 節〜 37 節
- 使徒の働き 16 章 25 節〜 34 節

第19章を終えて
進藤龍也からの質問

あなたはキリストに従う決心はつきましたか？

+ + + MEMO + + +

第 20 章

「ぶどう園の労働者」のたとえ

マタイの福音書 第 20 章 1 ～ 16 節

● 同じ賃金

　上巻でヤクザの組長がガンになって、死ぬ間際に救いを受けた。そして天国に行ったお話をしました。同じ霊、同じ神の御霊を持っている私たちは、その事について喜べます。一緒になって、よかったねー、本当に天国に行けて。その組長何かクリスチャンとして良いことをしたのでしょうか。全くしていません。何もしていません。イエス・キリストの十字架で一緒に十字架に磔なって、クリスチャンとして第一号として天国で住んだのは、あの強盗で捕まった人です。一緒に死刑になって十字架にかかって、クリスチャンとして何にも良いことができないまんま天国に行った。これを福音と言います。私たちは同じ御霊を持ってるので、なんであいつが天国に入るんだよって言って文句を言いません。それがすごいことでしょうね。

　ヤコブの手紙にはね、3 章 14 ～ 15 節には「しかし、もしあなた方の心の中に苦い妬みと敵対心があるならば、誇ってはいけません。真理に逆らって偽ることになります。そのような知恵は上から来たものではなく、地に属し、肉に属し悪霊に属するものです」と教えています。この妬みというのが神と敵対するということを僕たちは知らなければいけない。

　この当時にですね、朝早く夜明けとともに雇った労務者、それから 9 時に雇った労務者、12 時、5 時とやってきます。そして、この 5 時からの人からお金を払っていく。約束通り 1 デナリずつ。さあここで　考えてみましょう。朝っぱらから働いてた人は苦労したでしょ？　暑かったでしょ？　この当時のブドウってのは

ね、日本でなってるブドウみたいにね、棚の柵の上からぶら下がってるんじゃなくて、地面にあるんですよ。暑い中、日照りの中やんなきゃいけない。だけど、朝早くから働けた人ってのは安心を手に入れてるんですよ。僕たちは「あなたの若いうちにあなたの造り主を覚えよ」って言うでしょ？　これはね若いうちから神様を知ってる、つまり死んだ後の永遠の命を持ってるというのは、凄いことなんですよ。だからこそ献身して、神様のために人のために働きたいって、それが喜びとなっていくクリスチャンでなければいけないんです。御霊を持っていた場合、後から働いてきた人に同じ賃金あげても全然妬みません。そういうことでしょ？

　僕たちは、このことに気づかなきゃいけないんです。先に救われた人は安心を手に入れてるんです。だから、人のため神のために働けるんです。神様が神様の想いを僕たちが、神の心とすることができるって言うお話です。

合わせて読みたい

・ルカの福音書 23 章 32 節〜 43 節

三度死と復活を予告する

マタイの福音書 第 20 章 17 〜 28 節

● 第 3 回　十字架と復活の予告

　イエス・キリストの 3 度目の十字架と復活の予告です。3 度目ですよ。それなのに、この時にゼベダイの子ヤコブとヨハネのお母さんが出てきて、ひれ伏してイエス様にお願いするんです。「どうかあなたの右と左に私の息子を置いてください。」何やねん！こんな大事な十字架と復活を予告しているのに全然歯牙にもかけないというか、目にも止まらないというかそんなこともどうでもよくて、自分たちの、この死んでからの出世というか。これが人間の性なんじゃないでしょうか？　自分のことしか考えてないというかね。

　そして、周りの弟子たちは、それに対して何を言ってんだって怒るし、イエス様はまあまあみたいな感じで「決めるのは私じゃなくて父だよ」みたいなね。そういうなだめをして。ほんとびっくりじゃないこれ？　完全なスルーなんですよ。そして、このね右と左に座るのはね、私の父がするんだけれどもと。そしてイエス様が本当に大事なことを言うんですよね。

　26 〜 28 節。「あなたがたの間では、そうではありません。あなたがたの間で偉くなりたいと思う者は皆に仕える者になりなさい。あなたがたの間で人の先に立ちたいと思う者は、あなたがたが下僕になりなさい。人の子が来たのは仕えられるためでなく、かえって仕えるためであり、また多くの人のための贖いの代価として自分の命を与えるものであるのと同じです」と。あなたは同じなんだよ。信じたらこのようになるんだって言うことなんですよ。要するに「人のために仕えられるためではなくて、仕える者」

になってくんだよってね。

　同じように、この究極が「最後の晩餐」の前に、イエス様は弟子たちの足を洗うんだけど、弟子たちの足を洗うっていうのは「あなたのために仕えます」っていうこと以上に、実は「あなたのために死んでもいいですよ」っていう、この洗足式の奥義があるんです。

　僕たちは、本当にその愛の中、絶対にそんな愛は持ってない。だけど、イエス様と一体となる時に、あのナチスドイツの収容所でユダヤ人の代わりに死んでいたコルベ神父のように誰かのために死ぬことはできる。こういうお話です。

合わせて読みたい

・ルカの福音書 22 章 31 節〜 38 節

二人の盲人をいやす
マタイの福音書 第 20 章 29 ～ 34 節

● チャンスは逃すな

　イエス様が、またエリコ入り、そして大勢の群衆はイエスについて行った。イエス様の行くところは弟子たちだけではない。弟子たちのお母さんたちだけではない。女の弟子もいっぱいいました。そして、また奇跡によって癒された人もついてきました。もう犬・キジ・猿を連れて行った、あの桃太郎がもっといろんな動物を連れて行ったかのようにいろんな人がついてきました。

　そこに盲人 2 人がですね、イエスも通られると聞いた時に叫びました。イエス様あわれんでください。ダビデの子よ。ダビデの子孫に救い主が生まれるという事を皆信じてましたから、ダビデの子よ、というのは彼らの本当に信仰告白だったんです。そして、群衆は盲人 2 人を黙らせようとしたんですけども、盲人 2 人は、さらに叫びたてた。これはねイエス様も言われてますよね？　諦めちゃいけないんだよ。信仰はあきらめちゃいけないんだよ。本当にその通りに彼らはね、一遇のチャンスですよ。エリコというね、いうなればちょっと離れた土地で、イエス様がいつ来るか分かんない。チャンスっていうのはね、ボーっと生きてる人間には、やってこないの。ボーっと生きてなくて目が見えない、物乞いしてる、だけれども、イエス様が来た時に絶対癒してもらおうっていうね、この一遇のチャンスを彼らはモノにするために、誰に止められようが、何しようが、大声でわめきたてた。その甲斐があってイエス様はね、立ち止まって彼らに言ったんだよね。「私に何をして欲しいのか？」って。目が見えるようになるに決まってんじゃんって。決まってんじゃんって。だけどね、わざわざあなた

の告白が必要なんです。僕たちも、イエス様に何して欲しいの。祈る前からあなた方の必要を神はご存じですと言ってるけど、だからといって祈らなくていいなんて書いてないの。だからこそ僕たちは祈らなきゃいけない。口に出さなきゃいけない。告白しなきゃいけない。人は心で信じて義と認められ、口で告白して救われるとローマの10章10節に書いてある通り。そしてイエス様は、その彼らから目を開けて欲しいんですって言われた時にかわいそうに思ってって書いてある。これ意味としてはね、腸がよじれるようななんかね、その本当につらいよ苦しいよっていう自分の痛みに感じる。共感するってすごい大事で、僕たちは愛する前に本当にその人の痛みを自分の痛みのように本当に共感してあげるって言うことが本当に大事なの。これがね愛の始まりだっていうことですね。そういうお話です。

　そして、彼らは見えるようになるんですよ。僕たちもやっぱり共感する心を持ってきたいと思います。

合わせて読みたい

・ヨハネの福音書9章

第15章

第16章

第17章

第18章

第19章

第20章

第21章

第 20 章を終えて
進藤龍也からの質問

あなたはキリストのように生きていきたいですか？

+ 　+ 　+ 　MEMO 　+ 　+ 　+

第 21 章

エルサレムに迎えられる
マタイの福音書 第21章1〜11節

● エルサレム入場

　イエス様のエルサレム入場です。これから十字架に向かってきまーす。そして、この群衆はですね、「ホサナ　ホサナ　主のみ名によって、来られる方に」と言って歓迎した。その歓迎ぶりってのは王様を民衆が 迎え入れる形で、上着を道に敷いたり、木の枝を切ってきて道に敷いたりする。これはね王様を歓迎する時の民衆の行為なんです。今でいうレッドカーペットですかね？

　しかし、イエス様が取られた行動というのはロバですよ。これはザカリヤ書9章9節の預言の成就なんだけど、もうロバていうのはね、荷物を運ぶ動物なんですよ。まあでも人間も運ぶんだけれども、馬や高級なラクダではなくて、本当に一般庶民のまあ僕たちで言ったら、ロバは軽自動車とか原付とかさ、ちょっと良ければプリウスぐらい、みたいなんだけども、これまたすごい話でね、なんかあのそこに泊まってるからそれ持って来いよみたいな感じで。でもこれ主がご入用なんですよって、そのオーナーに言いなよと。そしたらオーナーはね、いいよって言ってくれるよってわかってる。これがね方々にイエス様の弟子がいたっていう風に読める箇所でもあると思うんですよね。

　そして、この時に民衆は「ホサナ　ホサナ」と言ったのに、少し経ったら、今度は十字架につけろって言うんですよ。人の心って本当にそういうもんです。

　でも、またそのことによって悔い改めるならば、僕たちは本当に悔い改めというのは聖霊による清めを受けた者しかできないんです。本当に謝罪を受けてきた人は、それは受け入れなければい

けません。それはね、やっぱり聖霊を拒むということですけどって、話が変わっちゃったけど。とにかく民衆は、この時に、まだイエス様を救い主としては理解してません預言者イエスだと言ったんです。

また、民衆は中間時代と呼ばれる時代にシリアの王様から神殿を奪い返したユダマカバイというヒーローのような、この世の救い主を期待していたんだよね。民衆が求めていたヒーローは、人間の根本にある罪を取り除く神の小羊ではなかった。

合わせて読みたい

・旧約聖書 ゼカリヤ書9章9節

第15章

第16章

第17章

第18章

第19章

第20章

第21章

神殿から商人を追い出す

マタイの福音書 第 21 章 12 〜 17 節

● イエス様、メッチャ怒ってる

イエス様の宮清め。いやーもう露店商のお兄ちゃんを倒すし、もう屋台は壊すしみたいな。祭りのテキ屋のお兄ちゃんたちをやっつけるみたいなね。そんなイメージ僕は持っちゃうんだけど、これには深い意味があります。これは、あの神殿に自分の罪のいけにえとして、動物を捧げなきゃいけないんだけど持ってきた動物を、この露店商の人たちが、それは傷もんだからここで買いなさいよって、自分たちの生贄のための動物を買わせるんです。その買わせるのは時価よりも、もの凄く高い。手数料で 1 日の労働対価の 1 デナリ取られちゃうわけ。貧しい人たちはそれでも大変なわけよ。じゃぁ、その利益はどうしたのか？というと、パリサイ人・律法学者は、その宮を運営してるサンヘドリンの手中にあったわけ。だからその露天商の人たちの上がりのまた上がりをね、そのサンヘドリンっていう議員たちが、その律法学者たちが持ってうまい汁を吸ってたの。そういうところの宮清めをイエス・キリストはしたってことなんですよね。

そして、この宮というのは神の国ですよね。神の国の中で盲人や足の萎えた人たちをイエス様は癒したんだ。驚くべきことは、目の前で見ているパリサイ・人律法学者、このサンヘドリンの人たちはね、人が癒されるのを見て喜ぶんではなくてね見て腹を立てた。人の心に妬みがでる時、それは悪霊の領域だってことを僕たちは知らなきゃいけないです。僕たちの心の中に、もし妬みがあるならば、本当に切り捨てて、手を切るように切って、捨てなければ。

第15章

第16章

第17章

第18章

第19章

第20章

第21章

　そして、また子どもたちが「ホサナ　ホサナ」って言ってんの
に、それを見て彼らは妬みを起こしたんでしょう。本当に怖いで
すね。

　17節。イエスは、彼らをあとにし、都を出てベタニアに行ったっ
て。ベタニアというのは隠れ家みたいになってました。このベタ
ニアは実は、ハンセン病やいろんな人たちを癒されたり、あのラ
ザロが復活したところですね。そこに行くんです。そこで、あの
事件も起こります。何でこの高価なナルドの壺を 100 デナリで売
らなかったのか。そういうところです。

合わせて読みたい

・旧約聖書 イザヤ書 56 章 4 節～ 8 節

いちじくの木を呪う
マタイの福音書 第 21 章 18 ～ 22 節

● 自己中じゃなくて警告

　自己中に見えるイエス・キリスト。ジョークです（笑）。

　イチジクの実が欲しかったんでしょうね。行って、あれ？ねーよって。そこで呪いをかけてお前はもう実がならないようにって言われたら枯れちゃったってんだよね。まったく自己中ですよね。この木が悪いわけじゃない。その時期じゃなかったかもしれないし。これはね、なんで、こんなことを書いてあるかというと、あのイスラエルに対する警告だって言う人もいるんです。それはイエス・キリストが本当にいるのに、そのまま彼を受け入れないでいると、実をならせなくなってしまうよという警告なんだって言う人もいるんですね。そして「天地の主である」ってことだって私は思うんです。そして、大切なのはあなたが信仰を持って疑うことがなければね、その通りになるんだ。山に向かって海に入れって言えば入るんだよね。

　マルコの 10 章 22 ～ 25 節を見ると、赦しがワンセットなんですよ。だから私は信じて祈り求めるならば何でも与えられます。

　ここの 22 節は、これでしめられています。

　けれども、いいですか。そしてヤコブ書にはこう書いてあるんですよね。願っても得られないのは、あなた方の欲望のため、欲望を満たそうとして悪い動機で願ってるから。僕たちが祈ることが御心に適っているならば、それが必ず与えられるって書いてあります。

　そして、祈りは周りを変える時はあるかもしれない。でも祈りってのはね、まず自分自身が変われるという絶大なる恵みがやって

第15章

第16章

第17章

第18章

第19章

第20章

第21章

くるんです。誰が悪いとか生まれが悪いって、誰かのせいにしてる以上、人は成長しない。でも神様には言える。でも神様に言った時に神様の答えの中に自分の内省する心が与えられる。そうすると自分自身が変わっていく。自分自身を変える祈りってのが、あるんです。信じて祈り求めるね。神様は絶対正しい方に向かわせてくださる神様ですから、信じて祈っていきましょう。

合わせて読みたい

・ヤコブの手紙1章1節～8節

権威についての問答
マタイの福音書 第 21 章 23 〜 27 節

● 権威って何さ

イエス様の知恵。もうそんな感じですよね。このイエス様に遣わされた祭司長と長老たちはどっから来たんでしょうか？ これは神殿を運営しているサンヘドリンという議会から遣わされたんです。「何の権威によって」っていうのもね、これは当時のラビも今の牧師達と一緒です。先輩のラビたちから手を置いてもらって、祈ってもらって、ラビですよって言うね、この権威の油注ぎというものをやって、教職者になれるもんだと思うんですけども、イエス様はそういう世の中的な、もちろんサンヘドリンではありませんし、誰それのラビから子弟関係をもらって、そういうことをしてるわけでありません。今現在のですね、神学校出ていない牧師も何人か僕も知ってます。もう立派な牧会してますし、立派な聖書理解を持ってます。それどころか私が学んできた先生の一人で、神内源一先生がいますが、彼は ERM 聖書学校もやっているけど神学校は出ていません。

ちょっと話を戻すと彼らの質問。「何の権威によって」その話してるんですかっていう質問に対してイエス様も質問で答えます。これは当時ソクラテス方式という質問に質問という、この当時の会話としては結構、知的階級では成り立ってたと言われておりますが、私も、その当時に生きていないので分かりませんが、イエス様の知恵ですよね。そして、この福音を犬にあげてはいけないよって言ってるように、理解するのに本当に祈って、僕たちはやらないと本当に馬鹿にされる。

イエス様の知恵のように、私たちも本当に答えるべきことは答

第15章

第16章

第17章

第18章

第19章

第20章

第21章

える。答えないべき、答えなくていいものは答えない。あるいは口をつぐむことも大事でしょう。イエス様の知恵によって僕たちは言葉を出さなければいけません。

　今は、僕たちは権威があります。それはなぜかというと、イエス・キリストを信じてるから。イエス・キリストを信じると、何の権威が与えられるかというと、神の子としての特権が与えられる。この権威が僕たちにはあるって事を、まず忘れないでください。でもね、法則を覚えていて下さいね。えばる権威ではありませんよ！（笑）　神と人とに仕える権威です。

　人を倒すための権威ではなく建て上げるための権威であると、パウロを通して聖書は教えています。

合わせて読みたい

・ローマ人への手紙13章

「二人の息子」のたとえ
マタイの福音書 第 21 章 28 ～ 32 節

● 父親のためになったのは、どっち？

　バプテスマのヨハネの議論から。ヨハネの問題から続けてイエス様は、同じこのサンヘドリンの使いの者たち、パリサイ人・律法学者、あるいは長老たちに言います。ぶどう園に働いてくれって言ってるお父さんに対してね、お兄ちゃんは行くって言ったけど結局は行かなかった。弟は行きたくないって言ったけど、結局悪いなーと思って後から行く。どっちが父親のためになりましたか？「弟の方です」ってことを答えるんですよね。

　お兄ちゃんは「律法学者パリサイ人、サンヘドリン」のことを指してます。そして弟の悪いなーって思って後から行った。お父さんのために行った。これは「異邦人とか罪人とかいう人たち」を指してます。

　この言葉で思い出すのは、私たちの教会に余命 2 ヶ月と言う若い 35 歳の人が寝たきりになった人がいたんです。僕は、そのお兄さんから「来て天国に行かせてほしい」って言われたんです。で会いに行ったんです。「悔い改めなきゃいけないよ」って言ったら。彼は何て言ったかと言うと「お母さんのおなかの中に帰りたい」って言ったの。でもその人ね、もう家の財産食いつぶして、お父さんとも、お兄さんとも 10 年以上離れ離れ。まあ相手にされなかった。でもお兄さんが、もう死に際の弟のために、私にブログを通して会いに来て天国に行かせてやって欲しいって連絡が来て、僕は会いに行った。そして、結局洗礼を授けました。そして本当に彼の死に際の最後の礼拝も一緒にスナック（罪友教会の旧会堂）で捧げることができたんだよね。この人のことを思い出

第15章

第16章

第17章

第18章

第19章

第20章

第21章

す。何もいいことをしてない。その連絡をくれたお兄ちゃんは、その半年後に洗礼を受けるんですよ。弟は、どこでも何やっても穀潰しでね、そんな奴だった、けどあいつに負けた事が一つあるって。それは、俺は素直にイエス・キリストを救い主として認めることができなかった。その素直さだけは負けるって。そんな弟に、僕は妬みを起こすほど僕が今しなきゃいけないことは、素直にイエス・キリストを受け入れることだって言ってお兄さんが洗礼を受けるんだよね。

そんな話があって、まあ罪友にとっては弟もお兄ちゃんも、天のお父さんの御心にかなったって話なんだけど。ここで言ってるイエス様が言うのがね、この律法学者、パリサイ人たちはね、遊女たちが救われていく。罪人たちが救われていく、ヨハネを信じて救われていくのを見てんのにね。けしからんって言って妬みを起こしていった。僕たちも本当にそういう人になってはいけないと本当につくづく思います。

翻訳の違い

新改訳 第 3 版（2003 年）の場合

兄「行きます」→「行かなかった」
弟「行かない」→「思い直して行った」

新改訳 第 2017 版（2017 年）の場合

兄「行かない」→「思い直して行った」
弟「行きます」→「行かなかった」

※ 本書は第 3 版を元にした

合わせて読みたい

・ルカの福音書 15 章

「ぶどう園と農夫」のたとえ
マタイの福音書 第21章33〜46節

● 誰を殺してきたのか

　家の主人が農夫に、その畑を貸したと。これは当時、実際にあったお話です。もう土地はローマ人や異邦人に取られる。農夫で耕しているのはユダヤ人で、本当は自分達の土地だったのに税金が払えないだ、なんだかんだ言ってローマ人たちに土地を取られる。自分の土地の畑なのに、自分が小作人として働かないといけないという時代背景があります。

　これはイエス様の例え話なんだけれども、その主人が僕たちを遣わす。そして、小作人たちは僕たちを殺してしまう。この「僕たち」というのは、今までの旧約の預言者たち。神に立ち返りなさいよという預言者たちを殺してきた。あなた達は殺してきたんだよと。

　そして、息子はイエス・キリストのことです。それを捕まえて殺してしまう。ぶどう園の外に追い出して殺してしまった。宮、神殿の外で十字架につけて、イエス様は殺されるんですよ。

　ここに、キリストの預言が入ってきます。この聖書を知らないんですか。家の建てる者たちの見捨てた石が、この礎になった。これはイザヤ書の預言ですけれども、これねパリサイ人たちが、こう書いてある通りに自分たちのことを指して言ってるんだって余計に腹が立つんですよね。悔い改めようとしないんですよ。これが人間の怖さ。自分の罪を指摘された時、あるいはやんわりと示された時に、柔らかい心で僕たちは悔い改めに導かれなきゃいけないって話です。

そして、この話は現実に起こってしまった！

西暦70年ローマ軍に、やっつけられて徹底的に破壊されて世界に散り散りにされた！

そう、その土地は神にとりあげられてしまった。

それで西暦1948年5月14日のイスラエル建国まで国という土地を持たない流浪の民となったのに文化・宗教を維持してきたんだよね。

この建国はエゼキエル書の預言のとおりなんですよね。もう世の終わりの時代に、つま先入ってるでしょ？

第15章

第16章

第17章

第18章

第19章

第20章

第21章

合わせて読みたい

・マタイの福音書24章
・旧約聖書 イザヤ書28章16節

第21章を終えて
進藤龍也からの質問

あなたはキリストが再臨することを信じられますか？

+　+　+　MEMO　+　+　+

第22章

「婚宴」のたとえ
マタイの福音書 第22章1〜14節

● 義の衣イエス・キリストを着る

　21章からの続きで、聞き手は祭司長に遣わされていた、祭司長と民の長老たちが来て、彼らが聞き手なんだけど、そこにもう一度、例え話。

　王様が王子のために設けた披露宴にお客を招いた。しかし来ようとしなかったっていう物語です。王子様というのはキリストのことです。王様というのは父なる神と思ってください。そして王様どうしても愛する息子のために披露宴を設けて成功させてあげたかった。しかし招待した客はね、初めから来る気がないんです。ある者は畑に、あるものは商売に出かけて。王様に呼ばれて来ないなんてありえない時代なのにです。もちろん、皆さんならどうですか？　天皇陛下に招かれて、あるいは総理大臣に招かれて晩餐会に行かないでしょうか？　しかも無料で食べ放題。僕なら尻尾を振って行っちゃいますね。(笑)

　しかし、まぁいろんな立場があって、俺は共産党だ、俺は天皇制反対だって行かない人もいるかもしれない。けれども、自分が尊敬している人に招かれたら行くんじゃないですか？　しかし、この行かなかった人たちは、初めから行く気がない。尊敬も信仰もない。そこで、どうしても、この息子のために披露宴を成功させたい王様は出会った民の全ての人を宴会に招いた。招いたんだけども一人が礼服を着てなかった。

　どういうことかというと、その当時の王様というのは着てくる礼服がなかったら礼服まで用意する。用意して全部整えてから招くんだって。この礼服というのは、僕たちの信仰を表してい

す。イエス・キリストそのものです。あるいは聖霊様ご自身です。義の衣イエス・キリストを着ていない状態。つまり、これは神様が用意したものを着てこなきゃいけないんだけど、着てこなかったっていう例え話です。

　要するに礼服を着ている者（信仰のある者）だけが、この宴会（天の国）に入れる。

　そして9節「この出会ったものを皆宴会に招きなさい。」これは預言的に、異邦人の救いを語っている箇所なんです。ですから敷地内で信仰なしで、この宴会に突っ立ってる人が手足を縛られて放り出される。これも信仰のない者は入れませんよというお話です。

　もっと言うと、このたとえ話は再臨のキリストと現代を示しています。教会はキリストの花嫁と呼ばれているんですよ。キリストを拒否ったユダヤ人は、前のたとえ話で土地を奪われた。キリストの救いは異邦人世界に及んだ（披露宴に招かれ義の衣を着た人は天に入る）キリストは教会の花婿ですから、この披露宴は再臨の時の裁きについて話している所でもあるんです。

合わせて読みたい

・旧約聖書 ダニエル書7章

皇帝への税金

マタイの福音書 第 22 章 15 〜 22 節

● イエス様　爽快に論破する

　祭司長と民の長老たちがやってきて、例え話をもって彼らが去っていった。そうするとまたパリサイ人たちとヘロデ党がやってきて、イエスを罠にはめようとする。もう踏んだり蹴ったり。次から次へとイエス様を落とそうとする、これは妬みの力。

　なんだけど、16 節「先生。私たちは、あなたが真実な方で、真理に基づいて神の道を教え、誰をもはばからない。あなたは人の顔色を見られないからです。」なんてね。すごくヨイショしてる。罠にかけようとしてヨイショしてる。心にもないんだけども。もうお世辞を言って。でもこれ、お世辞を言っただけじゃなくて預言的に言ってるって事も、ちょっと含みをもつと面白いかもしれません。

　神様って不思議な方でね、旧約聖書には敵の口を通して語ることもあるんですよね。まぁそんなことは、ちょっと置いといて「納め金」。要するに税金を納めることは、この旧約聖書のモーセの律法にかなってるんですか？と言ったんです。イエス様は私たちのこの使ってる金を見せてごらんよ。カエサルの。日本のお金。じゃあ例えばクリスチャンが税金を納めるのは理にかなってるんですか？　かなってます。税金を納めた上で献金してください。あるいは誰かに借金があるならば献金する前に誰かにお金を返してください。誠実さが私たちは求められてるんです。神の国と神の義を第一にするんですけれども、その前に愛と誠実を哀れみは、十分の一献金よりも遥かに勝っているね。僕たちは誠実さっていうのはね、世の中のことをしっかり責任取ろうよ。誰か泣かせっ

ぱなしにして、お金を返さないまんまにして神様に捧げるとしたら神様も絶対に悲しみます。借金を返す借金ないしは税金を納めます。その上で献金をしてください。だからカエサルのものはカエサルに返しなさい。そして神のものは神に返しなさい。神のものって何でしょうか？　あなたの収入の十分の一です。でも、この十分の一を神様に返したら借金返せないんだったら借金先に返しなさい。税金を先に返しなさいって話です。

合わせて読みたい

・ルカの福音書 19 章 1 節〜 10 節

復活についての問答
マタイの福音書 第 22 章 23 ～ 33 節

● 信仰がある限り死なない

その日と書いてあるから、このパリサイ人たちを追っ払ったその日に畳み掛けるようにして今度は、サンヘドリン議会のサドカイ派たちが来て、この質問をしてなんとかイエス様を論破しよう、あるいはやっつけよう、あるいは言葉尻を捕まえて罠にかけよう。亡き者にしようとする妬みのオンパレード。

もうね、これは僕たちが正しく生きようとするとね、サタンが正しく生きないように、あの手この手の誘惑をして教会に来なくさせたり。クリスチャン同士でフレンドアタックさせるってことを象徴してます。

このサドカイ派たちの質問というのは、申命記 25 章の 5 節からのことなんですよね。これは、お兄ちゃんがね子どもを作る前に亡くなっちゃった場合、そのお嫁さんを弟がもらって子を産まなきゃいけない。そして、お兄ちゃんの名前が残るように。これは、今パレスチナと言われている、その地域をね、神がアブラハムを通してあげるよ、ここがそうなんだよ、って言ってこの土地を守るために、どうしても家名を守らなきゃいけないという使命に立ってる。

ことのことでね、絶対ありえないような、要するに天の国ことをわかってない。死んだらどうなんだ？　誰の妻になるんだ？ってこと言ったわけですよ。7 人が同じ兄弟が同じ一人の妻をね、そんなことはないんだけど、まぁそうだった場合は復活した時にどうなるのよ？って。

でイエス様はね、おめえらわかってねえなと。もう天使みたい

になるんだから、もうSEXも何もねえんだよ、と言ってるわけ
ですよ。他宗教だと死んだら処女が与えられるっていう報酬があ
るみたいなんだけど、肉欲のSEXが天の国で、そのまま報酬に
なるってどーなのかな？　イエス様はキッパリ・ハッキリ教えて
くれて嬉しいね。若い内は「SEXないのー？」ってガッカリし
たもんだけどね（笑）

　そして32節が素晴らしいんですよ。「アブラハムの神イサクの
神ヤコブの神であること。神は死んだ者の神ではない」。これど
ういう意味かって言うとね、生きているものの神です、というの
は地上で生きている私達の神でもあるんだけど、死んでしまった
私たちの信仰の父祖たちは生きているってことなんですよ。天国
で生きてんだっていう。この生きている者の神なんだから死んで
ない。僕たちは死なない。信仰がある限り死なないっていうのが、
ここのテーマです。

合わせて読みたい

・コリント人への手紙第一15章3節〜10節

第22章

第23章

第24章

第25章

第26章

第27章

第28章

最も重要な掟
マタイの福音書 第22章34〜40節

● 超シンプルにまとめるイエス様

　先ほどのサドカイ派の人たちが尻尾を巻いて撃退したことを聞いて、今度はパリサイ人が、一緒に集まって、またイエス・キリストのとこに来て試した。

　もう、しつけぇー、みたいな。倒れるまで畳みかけてきてるね。もういい加減にせーよと私は思いますけれども。普段、相容れない、律法学者とサドカイ派の人たちとパリサイ人。この人たちは同じ議会にいながら、やっぱり野党と与党のように相容れない仲なんですよ。それがイエス・キリストをぶっ倒すっていう事においては徒党を組んでるというね。ここが、やっぱり怖いところで、集団主義ってか同じ敵。

　まぁそれはそうとして。このシンプルイズベストというタイトルがつくんじゃないかな。この分厚い旧約聖書はね。律法と預言が主に諸史・歴史ありますけども、律法と預言を中心として二つにまとめたんです。イエス・キリストは、これを更に二つにまとめた。これが「心を尽くし、思いを尽くし、知力を尽くして、あなたの神である主を愛せよ」。そして、「あなたの隣人をあなた自身のように愛せよ」。この二つでこの旧約聖書は、まとまるんだというのが、イエス・キリストの教えでございます。

その1

心を尽くし、思いを尽くし、知力を尽くして、
あなたの神である主を愛せよ

その2

あなたの隣人をあなた自身のように愛せよ

イエス様は、この2つで旧約聖書をまとめた。

合わせて読みたい

・旧約聖書 申命記 6 章
・旧約聖書 レビ記 19 章
・ガラテヤ人への手紙 5 章

第22章

第23章

第24章

第25章

第26章

第27章

第28章

ダビデの子についての問答
マタイの福音書 第22章41～46節

● 質問攻めしてきてた人たちが来なくなった

これはもう聖書を知らない人にとってはね、難しいことだと思います。けれども、聖書に書いてあるので言わなければなりません。主というのは神のことです。私の主というのは、その御子イエス・キリストのことです。そして御子イエス・キリストはダビデの子孫からお生まれになるという預言があるんですが、その通りにイエス・キリストはダビデの子孫として生まれて今、目の前で問答をしているパリサイ人たちに語っています。そしてイエス・キリストご自身が言われています。主は私の主に言われた。これダビデが歌っている歌。これは詩編110編の、一節の引用です。110編を読みますと、「主は私の主に仰せられる。私があなたの敵はあなたの足台とするまでは私の右の座に就いていなさい。」私の右の座というのは権威の象徴です。右の座についていなさい。

そして、主というのは神です。私の主というのは、ダビデの子孫として生まれるキリストのことです。ダビデというキリストの先祖は、千年後に生まれてくる救い主を幻でみたんです。そして預言をしてこの詩篇に残すわけですけども、その千年後に生まれてくる自分の子孫の中に救い主イエス・キリストが、今この時代に目の前にいる。その事をバシッと、このパリサイ人たちに宣言します。

ダビデこそが、キリストの先祖であるのに、キリスト自身の事を主と呼んでいる。これをあなたは知らないのか？とキリストは言ってるんですね。

45節で「ダビデがキリストを主と呼んでいるのは、どうして

彼はダビデの子なんでしょうか」と。まさに目の前にいる人を前にして、尻尾を巻いちゃった。

46節。その日以来、もはや誰もイエスに敢えて質問するものはなかったって。ずっと質問攻めにあっていたのに、この日以来なくなったってことが記されて、この話は終わります。

合わせて読みたい

・旧約聖書 詩篇 110 篇

第22章

第23章

第24章

第25章

第26章

第27章

第28章

第22章を終えて
進藤龍也からの質問

あなたは死んだ後のことを考えたことはありますか？

+ + + MEMO + + +

第23章

律法学者とパリサイ人を非難する
マタイの福音書 第23章1〜12節

● 先生って言っちゃいけないの？

　ここでは群衆と弟子に話しているキリストの言葉です。要するに「偽善者になるな」っていうことなんですよね。衣の房を長くしたりするな。これ当時の宗教家が着ている服。衣の房、これは神様を思い出しなさい、神様の命令を思い出しなさい、あなたの罪を思い出しなさいって言うようにね。そのために房を長くする。これは我らの主は一人であるという、この御言葉が門柱に書いてあったりするわけですね。こうしなさい。ああしなさい。あの律法守りなさいって言うんだけど、結局、自分達は何もやってない。だから言ってることとやってることが違う人、これを偽善者って言うんです。その偽善者になっちゃいけないよって話と、先生と呼ばれちゃいけないよってこと。

　でも、現代でと牧師の事を、みんな先生って言います。先生って言っちゃいけませんよっていう団体もありますけど、これは日本の尊敬と敬いの文化ですよね。

　11節と12節を見てください。「あなたがたのうちの一番偉大な者は、あなたがたに仕える人でなければなりません。だれでも、自分を高くする者は低くされ、自分を低くする者は高くされます。」これは天の法則です。自分を低くするために、相手を先生と呼んで、あるいは自分よりも他の全ての人が優れた人と思いなさいって言う命令を守っているからこそ自分を低くして先生と呼ぶ。そして先生って呼ばれてる人達はというと、○○さんって言われていると思わなくてはいけないんですね。先生と呼ばれて高慢になるんだったら、呼ばれないほうがいいんですね。これは尊

敬と敬いの文化の中で日本で赦されていることじゃないかなと、私は思っています。

　私は神の基準で生きていますので「進藤さん」「たっちゃん」と呼んでくれて構いません。教会でそのように呼ぶ方もいます。

　しかし、ある時、急に「先生」から「さん」に変わったら、相田みつをさんじゃありませんが人間だもの「えっ？」って思っちゃいます（笑）

　そんな時も、この聖書の基準があってよかったと思う。傲慢の罪が一番怖い。怖いというのは、傲慢・高ぶり・自惚れは、自分でわからないところ。そう自覚ができない怖さなんです。

第23章

第24章

第25章

第26章

第27章

第28章

合わせて読みたい

・旧約聖書 民数記 15 章 37 節〜 41 節

8つの災い
マタイの福音書 第23章13〜36節

● 心を見ている神様

右ページを見て。災いの8つ。これは「山上の垂訓」の8つの祝福「8福」の裏バージョン。怖いですね。8つですよ。8つ。

そして今日取り上げるこのトピックは23節。正義と憐れみと誠実をおろそかにしているんだって言われてる。僕たちもね、あれやった。これやった達成感。あるいは言われたことをやって、「ほれ、やったぞ。」 そーじゃないでしょ？ 「いや言われたことをやっただけです。」 そう言いなさいってことです。

謙虚になりなさいってイエス様は教えてますけどね。この律法学者やパリサイ人は、災いだって言われてる。彼らは収入の十分の一は、神のものは神にしっかり返してきたんです。しかし、ルカによる福音書の18章9〜14節には、こういう例え話があるんです。パリサイ人は隣の取税人が「胸を打ち叩いて、僕は何でもできないって」。そう祈ってたのを横目に見て、いや俺はあんな罪人じゃなくて良かったなーってね。そういうね。結局、僕たちの何を神様は見てるかといったら、心なんですよ心。やることやっててもね心の中で、こういうね誰かと比べて自分を優位に見たり。あるいはね、承認欲求と言ってね自分が認めてもらいたいがために教会の奉仕活動を一生懸命やってね。そうじゃないんだよね。僕たちは神様に喜んでもらいたい。神様愛してるっていう喜びの中で奉仕をしないとね。詩篇の中にも、喜んで神に仕えていないではないかという聖句があるんですけど、本当にこの心の中が本当に問われているね。そのことを教えてくれています。

裏八福の災い　進藤訳

① 自分で教えているのに自分ではしない
律法学者やパリサイ人の真似はすんなよ！

② 人に重荷を担がせるのに、自分では担がな
い奴らだから、真似すんなよ！

③ 人に見せるような長い祈りやカッコつける
奴らだから、真似すんなよ！

④ 上座が好きな奴らの真似すんなよ！

⑤ 挨拶されることが好きな、高ぶった奴らだ
から、真似すんなよ！

⑥ 先生と呼ばれることが好きな奴らだから、
先生と呼ばれることに気を付けろよ！

⑦ カッコつける前に心ん中を綺麗にしろよ！

⑧ 先祖の罪も認めて自分のことのように
悔い改めろよ！

合わせて読みたい

・マタイの福音書 5 章
・旧約聖書 申命記 30 章

エルサレムのために嘆く
マタイの福音書 第23章37～39節

● 嘆いてくれるイエス様

　「ああ、エルサレム　エルサレム。預言者たちを殺し、自分に遣わされた人たちを石で打つ者。わたしは、めんどりがヒナを翼の下に集めるように、あなたの子らを幾たび集めようとしたことか。それなのに、あなたがたはそれを好まなかった。」

　どの時代においても、神様は預言者を送って立ち返ることを進めてきました。特に、北イスラエルと南イスラエルに分断されて行った時に北王国が先に滅亡します。その北王国っていうのは、実は一人も良い王様いないまんま滅亡するんです。しかし、この旧約聖書の中の預言者、北イスラエル王国の二大スターってのがいます。それがエリヤとエリシャです。この二人にイエス様のような奇跡が集中してるんです。この大スターを送っているのに悔い改めようとしなかった。国が立ち返らなかった。まぁそんなことも、ここでイエス様が謳ってると思いますけども、39節。「祝福あれ、主のみ名によって来られる方にとあなた方が言うまで、あなた方は今後決してわたしを見ることはありません。」要するにイスラエルの救いの時まで、来ないイエス様。

　初臨っていうのはイエス様が人間として生まれ十字架につけられて世の生贄となって殺されたけど、復活して天に帰ったこと。再臨というのは、これから世の終わり。世が建て直される時にキリスト千年王国が樹立されるんですけども、その時に残された者。イスラエル全部と僕は解釈していません。イスラエルの中の残りの者たちがイエス・キリストを信じて、主のみ名によってきてくださいという時にイエス様が来られる。その時までは私は来ないよっていうお話です。

旧約聖書時代の
北イスラエル王国の預言者 二大スター

預言者 エリヤ　　　預言者 エリシャ

初臨

イエス様が、人間として生まれ十字架で

殺されたけど、復活して天に帰ったこと

再臨

これから世の終わり
↓
キリスト千年王国が樹立

合わせて読みたい

・テサロニケ人への手紙第一 4 章 13 節〜 18 節

第 23 章を終えて
進藤龍也からの質問

あなたはイエス様の声を聞く方法を知ってますか？

+ + + MEMO + + +

一番間違えない方法は聖書を読むことです。

第24章

神殿の崩壊を予告する

マタイの福音書 第 24 章 1 〜 14 節

● 終末について語るイエス様

　イエス様が世の終わりについて言ってます。終末と言われていることについて言ってるんですが、少し前、23 章 36 節に、この不信仰の世の中のこの時代の人たちに報いが来るんだって言って、イエス様が紀元前 33 年頃に十字架にかかって、復活して天に帰るわけですけども。紀元前 70 年にユダヤは滅亡します。それは世の終わりじゃない。これから千年王国が地上に建てられる訳で、どんな時に世の終わりが来るんだっていう前兆を言ってるわけですよ。

　その中に偽預言者が多くはびこって戦争が起こるって。今も私こそがキリストだっていう人がね世界に何人も何人も何人もいて、そういうカルト集団に身を置く人たちがいます。そして第一次世界大戦とか、第二次世界対戦があって、もう各地にたくさんの戦争がありますが。戦争がなかった時なんて、この地上でないって言われてますけど、いつもキリスト者は世の終わりが近い、世の終わりが近い、と言いながら、もう二千年が経って。主はいつ来るんだろう？　でも、それは誰も知らない。父しか知らないって。イエス様も父しか知らないって、ここで言っていることなんです。どんなことでも最後まで耐え忍ぶ者は救われます。これが本当に全てです。僕たちには困難・迫害・妬み・嫉みあります。でも、どんな時も最後まで耐え忍んで信じ切ることです。僕たちは苦しみの中を通らなければ実は練られない。豆腐もそばも打って打っておいしくなり、熱せられて冷やされて叩かれて美味しくなるように。僕たちも同じように、この困難を通してキリストの

似姿に変えられていくということです。

「この世界の終わりは、いつ来るの？」って話は色々な方が論争したり、社会問題になったりしてるんですが、それは「天の父だけが知りうること」だと思うんですよ。
　イエス様が断言するのは「天の父しか知らないこと」。それを人間が自分の知識の中だけで知ろうとすることは「傲慢」としか言いようがないんですよね。

第22章

第23章

第24章

第25章

第26章

第27章

第28章

合わせて読みたい

・ヨハネの黙示録 19 章〜 20 章
・旧約聖書 ゼカリヤ書 14 章 4 節

大きな苦難を予告する
マタイの福音書 第24章15～31節

● 凄いことを預言するイエス様

　終末における、イエス・キリストの預言の中の一つですけども、「『荒らす憎むべき者』が、聖なる所に立つのを見たならば、（読者はよく読み取るように。）」と書いてありますが、紀元前70年にユダヤの神殿がローマ軍によって壊されるわけだけども、その時にクリスチャンたちは、このイエス・キリストのことを思い出してに逃げたって言うんだよね。そしてクリスチャンは助かったというお話があるんだけど、そうだよね、だから生き残ったからこそ僕たちは今信じてるわけで。

　24節「にせキリスト、にせ預言者たちが現われて、できれば選民をも惑わそうとして、大きなしるしや不思議なことをして見せる」って、いろんな宗教ありますけどね、癒しや預言、占い的なのとか、あの悪霊も霊ですから癒しや奇跡を行います。でも悪霊は神の摂理に反しているので、悪霊に惑わされた人たちは、とんでもないことになってしまいます。サタンが僕たちを神様から離すのは、サタンの最大の目的なんです。

　だから僕たちが神様から離れるためにサタンは富も与えたりね。何でもします。それに惑わされないようにしなければ、この世の終わりの時に真理から僕たちは離れちゃう。そのためにも、僕たちはいつもこの聖書に向かっていなければいけないですね。

　何が真理で何が本物かってことを見る目は、聖霊なる神から来ます。聖霊なる神や、イエス・キリストの、この預言も、ダニエル書9章27節。黙示録13章5～7節。第二テサロニケ2章3～4節。あるいは他にもたくさん書いていますけど、そういうもの

を読んでいきましょう。

進藤式　超ザックリ年表

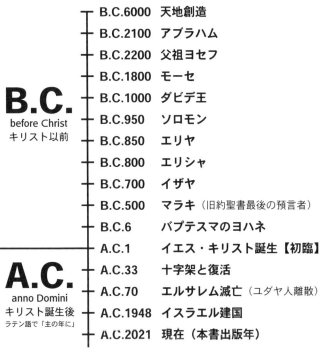

B.C.
before Christ
キリスト以前

	B.C.6000	天地創造
	B.C.2100	アブラハム
	B.C.2200	父祖ヨセフ
	B.C.1800	モーセ
	B.C.1000	ダビデ王
	B.C.950	ソロモン
	B.C.850	エリヤ
	B.C.800	エリシャ
	B.C.700	イザヤ
	B.C.500	マラキ（旧約聖書最後の預言者）
	B.C.6	バプテスマのヨハネ
	A.C.1	イエス・キリスト誕生【初臨】

A.C.
anno Domini
キリスト誕生後
ラテン語で「主の年に」

	A.C.33	十字架と復活
	A.C.70	エルサレム滅亡（ユダヤ人離散）
	A.C.1948	イスラエル建国
	A.C.2021	現在（本書出版年）

※ 年代については諸説あります

合わせて読みたい

・旧約聖書 ゼカリヤ書 6 章 12 節

いちじくの木の教え

マタイの福音書 第 24 章 32 ～ 51 節

● いつも目を覚ましているとは？

　24 章全体は終末におけるイエス・キリストの預言。突然です
が真理って何でしょうか？　真理というのは変わることがないっ
てことです。普遍的ということです。もっと言ったら、真理とは
御言葉。聖書の言葉。神の言葉です。絶対変わることがないんで
すよ。だから天地が滅びても私の言葉は決して滅びることはない。
聖書の言葉が全部その通りになるって事なんです。

　そして、この世の終わりも来るんです。いつ来るとか、聖書の
預言とかっていう本も随分昔に流行りましたけれども、いつ世の
終わりが起こるのかというのは父しか知らないよって。もう一度
キリストが来る再臨も、キリスト自身ではなくて父しか知らない
よって言ってるんです。

　ノアの時も、そうだったでしょう？って。突然、洪水がやって
きたときに、あぁノアが正しかったんだって初めて分かる。これ
が人間の愚かさです。だから、いつも目を覚ましていなさいよ。
再臨信仰っていうのは、そういうことなんですよ。いつ来るかっ
ていうことを調べ上げているのは再臨信仰はではなくて、いつ来
ても主よ、私は本当にあなたをお迎えする準備ができています。
私は誠実に生きています。これが再臨信仰なんですね。

　私の友人のね一人の牧師がね、夜寝る前に皿洗うんだって。食
器を全部きれいに片してから寝るんだって。イエス様が、いつ来
られてもいいように。そうやって躾けられたってんだよね。すご
いことだよね。そういう、いつ来てもお迎えするように、それは
形や声かもしれないけれども、心の準備をして心をキレイにして

おく。

　妬みとか、あるいは赦せない心、そんなことがある中でイエス様をお迎えするってことは、僕は本当に反することだと思う。興味を持って、本当に求めて生きていきたいと思っています。

合わせて読みたい

・旧約聖書 ミカ書4章1節〜8節

第22章

第23章

第24章

第25章

第26章

第27章

第28章

第 24 章を終えて
進藤龍也からの質問

あなたはイエス・キリストを信頼できますか？

＋　　＋　　＋　　ＭＥＭＯ　　＋　　＋　　＋

第25章

「十人のおとめ」のたとえ

マタイの福音書 第25章1〜14節

● 半分の人が滅びちゃうの？

　この例え話は何について話しているのか？　これを押さえてお
かなきゃ、おっかねーだけの話になっちゃう。この話は前の章
24章の続きだからね、終末（世の終わり）について話されたことっ
てことだよ。クリスチャンの半分が救われねー！ってことじゃ
ねーし（笑）

　13節。「ですから、目を覚ましていなさい。その日、その時を
あなたがたは知らないのですから。」これが、この例えの主題で
終末の出来事。

　再臨は、いつくるか分からないから、信仰に固く立っていなさ
いよってこと。

　イエス様の例え話は、当時の聴衆が知っている話だから、実際
にあった花婿を迎えにいく花嫁の友達の失敗談を大袈裟に「あり
えない話」としてインパクトつけてイエス様が話されたんだと思
うんだよね。

　この例え話は、クリスチャンの半分は、天国にいけません！て
な、話じゃないんで安心してください。そんな話だったら「信じ
る者は皆救われる」という神の言葉が嘘になっちゃう。そんなこ
とありえんでしょ。「救いはただ信仰による」これは変わらない。

　俺は、よくばりだから、せっかくのクリスチャン人生をめーいっ
ぱい伝道して、喜んで生きてー！喜んでばかりもいらんない人生
だって分かってもいるけど、よく考えたらさ、苦しみ、悲しみは、
今のうちだけなんだから、味わっとけばいいんだって自分に言い
聞かせてるよ。

「予備の油＝キリスト信仰」キリスト信仰を持つものは、皆救われる！ これが福音です！

基本的には新約聖書で「油」とは「聖霊なる神」の象徴なんだけど。ここはキリスト信仰で！

合わせて読みたい

・ヨハネの黙示録 2 章〜 3 章

「タラント」のたとえ
マタイの福音書 第 25 章 14 〜 30 節

● 神様が喜ぶことと、悲しんじゃうこと

　このタラントというのは、通貨の単位で、1 タラントは 6000 デナリ。1 デナリは 1 日の日当というから、ざっくり 10,000 円だとすると、1 タラント（約 6000 万円）預かった人と、2 タラント（約 1 億 2000 万円）預かった人と、5 タラント（約 3 億円）預かった人、それぞれの末路の話。

　この時代に、既に銀行があったのかぁ、すげぇなぁと、刑務所の中で読んで驚嘆したのを覚えてる。

　ちなみにテレビタレントとかの「タレント」って言葉は、このタラントから来てるんだって、だから、読み方によっては与えられた才能を、どのように使うのか？使わないか？とも読めるよね。

　さて、この例え話には 2 つの教えがある。

　一つ目は「正しい神観を持つ」こと。

　24 〜 25 節。この 1 タラントを預かったけど隠していた人は、正しい神観を持っていなかったために、取り上げられてしまった。彼の神観は神の本質とは真逆の発想だった。そこに不幸がある。

　二つ目は、業績や結果ではなく「心を神は喜ばれる」ということ。

　サムエル記 第一 16 章 7 節「主はサムエルに言われた。「彼の容貌や背の高さを見てはならない。わたしは彼を退けている。人が見るようには見ないからだ。人はうわべを見るが、主は心を見る。」と、あるように、2 タラント儲けた人にも、5 タラント儲けた人にも同じ賛辞を送っている。

　21 節。主人は彼に言った。「よくやった。良い忠実なしもべだ。おまえはわずかな物に忠実だったから、多くの物を任せよう。主

第22章

第23章

第24章

第25章

第26章

第27章

第28章

人の喜びをともに喜んでくれ」古い聖書の「善かつ忠なる良きしもべ」が好きなんだけどね。とにかく、どんな心でやったかが問題なんだとね。そー言うことだよ。5タラントの人にも、2タラントの人にも同じ賛辞を送っている。

　神様は何にも要らないのよ。献金だって欲しいわけじゃない。献金がなくて困るのは教会だけ。献金する人の心が欲しいわけよ。神様は、神であるから、神ファーストの心が見たいわけよ。それだけなんだよ。だから、仮に1タラント預かった人が、大損こいて借金したとしても「あなたのために頑張ったんですがうまくいきませんでした！ごめんなさい。」って言えば、借金を肩代わりする神様なんだよ。

　そりゃそーでしょ。払いきれない進藤龍也の全生涯の罪、ヤクザの時の罪、売人だった時の罪、いっさいがっさいを十字架で肩代わりしてくれた神ですよ！神はいつでも太っ腹なんだよ。これ俺の神観！

合わせて読みたい

・ルカの福音書 23 章 34 節
・マタイの福音書 7 章 1 節〜 5 節

すべての民族を裁く

● どう生きるか

出ました！ 25 章は 3 点セットの例え話でした！その締めくくりがこれ！

羊と山羊は一緒に飼われていることが当時、普通だったみたいで、価値からするとやっぱり羊の方が価値があるようで、選別することがよくあったようです。聴く者にとってはこれまた情景が浮かぶみたい。遊牧民ではない日本時にはイマイチだけどね。

「おとめの油の話」はキリスト信仰！

「タラントの話」は正しい神観！と、業績より心！

そして、締めくくりの「羊と山羊の話」は「ならばどう生きるか」

24 章から、ずっと世の終わり、キリストの再臨の時を教えていることを忘れちゃいけないんですよ、その再臨の教えの、この例え話が刑務所伝道ミニストリーのみ言葉になってんのよ！カックイイ？（笑）

35 ～ 36 節。「あなたがたはわたしが空腹であったときに食べ物を与え、渇いていたときに飲ませ、旅人であったときに宿を貸し、わたしが裸のときに服を着せ、病気をしたときに見舞い、牢にいたときに訪ねてくれたからです。」

もう一度言うけどさ、洗礼が永遠の命の切符じゃないの。信仰なの。信仰って態度や行動に現れるんよ。イエス様の弟のヤコブも言ってるじゃん。「行いの伴わない信仰は死んでいます」って。「信仰が死んでる」つまり、洗礼を受けてもそれっきりなら、天国の保証はない。礼拝に行けなくても信じ続けているなら行動で示していくから大丈夫？　でもさ、それって不完全燃焼じゃな

い？　ま、いいんだけど。（良くないか）たとえ礼拝に行けなくても、人を助けるキリストの命を生きていくでしょってこと。

　結局「どう生きるか」が問われているんだよ。もっと言うなら「動機」。人に認めてもらいたいから、人を助ける？　違うよね。可哀想だから手を尽くすんだよね。ベストを尽くして助けるんだよね。業績より心を神が見るってそう言うことだよ。

　ちなみにコロナ禍になった 2020 年、礼拝自体が都合 4 ヶ月くらいできなくなった。その間も絶えることなく、4 人の人生やり直しが、入れ替わり立ち替わり、礼拝堂に寝泊まりをしてきた。刑務所伝道も教会も経済は守られ、新会堂建築の支払いも滞ることはなかった。

　なんでかわかる？　先ず先に私たちが困っている人を助けたからだよ。助けたいと言う純粋な思いでね。宿を貸して、食事を与えて、受刑者からの手紙には返信をだして。支援者の 1 人ひとりに感謝して祈っている。

[ピリピ人への手紙 4:19]
また、私の神は、キリスト・イエスの栄光のうちにあるご自分の豊かさにしたがって、あなたがたの必要をすべて満たしてくださいます。

合わせて読みたい

・ヤコブの手紙 2 章
・旧約聖書 箴言 3 章 27 節

第 25 章を終えて
進藤龍也からの質問

「お金・時間・健康・感情」この４つが自分自身で管理しなければならないものです。この中から、あなたが他者に愛を示せるものは何ですか？

+　　+　　+　　MEMO　　+　　+　　+

第 26 章

イエスを殺す計略
マタイの福音書 第26章1〜5節

● 利権にしがみつくヤツら

25章までの話って、実はすげぇ大事なんだよね。十字架が目の前なわけよ。すげぇ臨場感、鬼気迫るものがあるわけ。

そんな中で「二日後には過越の祭りになって、十字架につけられるために引き渡されます」と、はっきり弟子たちに教えるんだけど、わかんねーんだな。人間ってさ、ほんと、そんなもんなんだよ。

過越の祭りに必ず屠られる生け贄の小羊として、神の御子イエスが十字架につけられるよって、宣言してんのに、皆わかんねーわけよ。友人、知人、部下に、教えても、わからないからって、イライラしちゃいけないよね（笑）

ユダヤの指導者たち（サンヘドリン議会）は、イエスを「だまして捕らえて、殺そう」としている。指導者たちがすでに殺意に燃えて、神の律法を破ってまで捕らえようと暴走している。人間の弱さだよね。法の番人でもある議員たちが「妬み」に支配されているんだから怖いよね。だから、妬みの前には、神でさえ立つことができないんだよ。妬む時、恨む時、赦せない時ってのが、自分自身への大敵なんだよね。俺も、そんな感情に支配されないために、十字架を適用して祈ってる。

これまでのイエス様とサンヘドリン議会との摩擦で、わかることは「事なかれ主義」が大きな問題だろうと思う。もちろん、イエス様をハナから信じようとはしないっていう決定的なこともそうだけど、彼らは支配者ローマ帝国から治安を委ねられていて、その自分の食い扶持を守るためにも、利権にしがみついたんだよ

ね。だから、底辺の民衆の叫びに耳をかさなかった。逆にイエスは、その底辺にこそ、神が目を注がれているんだと言って、行動で神ご自身を現したといえるんだよね。

自問自答してみよう
自分の権利にしがみついてませんか？

弱い立場の人の声に耳を塞いでいませんか？

合わせて読みたい

・ヨハネの福音書 9 ～ 10 章

第22章

第23章

第24章

第25章

第26章

第27章

第28章

ベタニアで香油を注がれる
マタイの福音書 第 26 章 6 〜 13 節

● 愛には愛でこたえるイエス様

ベタニアというところは、死んで四日も経っているラザロを生き返らせた所で、いわばイエスの拠点の一つで隠れ家的な所だった。貧しい人たちが多く住むような地域で、隔離されたコミュニティもあったんだって。だから、マルコの福音書では、イエスが「貧しい人たちはいつもあなた方と一緒にいます」と言うんだよね。

まさしく、神の御目は「貧しく、除外された人たちにある」ということをイエスは行動で示されたんだね。それを思うと泣けてくる。

既に、もう二日後には捕らえられて死んでしまうって教えているのに、いつも一緒にいる弟子たちはわからないわけ。あー、もどかしい！

実際、俺がその場にいてもわからなかっただろうけどね（笑）

だからマルコによる福音書には、300 デナリで売って、貧しい人に施しができるのに、もったいないって言うんだよね。まあ、ざっくり中身の香油が 300 万円！　一見、正しい意見のように聞こえるけど、神の時を全く分かっていない。3 年半も寝食を共にしてきたというのに。

十字架の死の予告をしたのに分からなかった弟子たち。それに比べて、この香油を注いだマリア（ヨハネ 12 章）は、死の準備をしたわけ。死が迫っているのを知ってか、知らずかは分からないけども、神の摂理によってこのことがなされた。一つわかることはイエスを、マリア（有名な聖母マリヤとも、マグラダのマリヤとも別の人）はとことん愛していたということだ。

300 デナリの香油の壺は嫁入り道具で女性としての宝物だったんだけど、それを惜しげもなく、イエスに注ぐその愛は献身を象徴している。その愛に応えてマリアの味方に立ったように、いつも私たちの味方である神。それがイエス・キリスト！

あなたの信仰が砕かれる時（あなたの宝物が砕かれる時）、イエスの香りがあなたから放たれます！

あなたの宝を神に捧げる時、あるいは偶像を手放す時、主は必ず応えてくださる。

神の時を知る！　自分自身が GOD タイミングに合わせられるように祈っていきましょう。

合わせて読みたい

・ヨハネの福音書 12 章 1-8 節

ユダ、裏切りを企てる

● 裏切りを企てたイスカリオテのユダの本性

銀貨 30 枚って、奴隷一人の値段なんだよね。この銀貨はシェケル（現在のイスラエルの貨幣もシェケル）銀貨で、1 シェケルは 4 デナリ（1 デナリが一日の日当だから、ざっくり 4 万円）として、4 万円× 30 = 120 万円。300 デナリの香油に、もったいない！と文句を言うイスカリオテのユダなんだけどさ、奴隷一人の値段で、かつ香油の半額以下の値段で売り飛ばすっていうね。

この裏切りの鍵となる 300 デナリの香油の問答は、ヨハネ以外の福音書では弟子たちが、もったいない！と声をそろえて言っているのに、ヨハネの福音書だとはユダが言ったことになっているんだよね。ということは、ユダの第一声に他の者たちが同調したことになるね。また、イスカリオテのユダがイエス宣教団の資金を預かる金庫番であったにも関わらず「盗んでいた」と罪を指摘している。

罪を隠している人っていうのは、誰かの罪を指摘して責め立てて、罪に対するスポットライトを自分から、かわそうとするんだよね。裏切り者のユダもそうだった。

ここで教えられることが 3 つある。

一つ目は、責任ある者には多くの誘惑があり、サタンの標的になるってこと。(イスカリオテのユダやイエス・キリストのように)

二つ目は、サタンの声に同意してはいけないこと。同意さえしなければサタンは力を発揮できない。なぜなら、サタンも霊であり実態はない。実態があるのは人間だから。

三つ目は、サタンの声に同意してしまう人は、日頃からサタン

を寄せ付ける傾向があるということ。つまり、欲深い考えや、誘惑に対抗しようとする傾向がない人は、サタンを寄せ付けてしまうんだ。

ルカの福音書 22 章 3 節だと「十二人の一人で、イスカリオテと呼ばれるユダに、サタンが入った。」ってあって、イスカリオテのユダは、イエス宣教団の金庫番でありながら、その金を盗みながら、なおかつ、その罪を隠しながら、ついに告白出来ずにサタンの声に同意してしまい、裏切るきっかけになっちゃった。

隠れた罪があるなら悔い改めて、告白できるなら告白して赦してもらおう。

誘惑に同意しないでサタンの喜ぶ生活を避けましょう。

つまり、神と人とに誠実に生きるってこと！！

合わせて読みたい

・ヨハネの福音書 12 章 4 〜 6 節

過越の食事をする
マタイの福音書 第26章17〜25節

● 最後の最後まで悔い改めを期待するイエス様

　さあ、最後の晩餐。あの有名なレオナルド・ダ・ビンチの描いた「最後の晩餐」を思い描くと思うのだけど、残念ながら、あれはダビンチワールドで正しくない。そもそも横になり左肘をついて食事に時間をかけて、俺たち奴隷じゃないぜって思いを込めて優雅に飯食ってたんだよね。

　その記念すべき、最後の晩餐の前に、主イエスは言うわけよ「この中の一人が裏切るよ」って。みんな、ワサワサしちゃうのよ。

　イスカリオテのユダはドッキリしたろうね。だけどさ、シャーシャーと「先生まさか私のことでは」なんて言うわけ。だけど、見事に「お前」って言われちゃう。

　ヨハネの福音書によれば、ユダはイエスからパン切れを受け取ると、出ていったようだから、最後の晩餐、今でいう聖餐式での聖体はもらっていない。

　ここで分かることは、最後の最後まで、イエスはユダが悔い改めるチャンスを与えていたと言うことだね。

　俺たちも一緒じゃないか？　早く謝ったらいいのに、謝れないで和解が先送りになったりさ。何度か打ち明けられる場面があったのに、結局は打ち明けられなかった。なんて経験ないですか？　子どもの頃に、自分が壊したのに、あたかも誰かのせいにしたりとかさ。

　悔い改めって「方向転換」のことだからさ、イエスを裏切ろうとしていることから、方向転換すること。それには、ユダ自身の「すいませんでした」の告白が必要だったんだ。イエス様は、それを

第22章

第23章

第24章

第25章

第26章

第27章

第28章

期待していたんだと思う。

　もし、イスカリオテのユダが裏切らなかったら？　やっぱり、いずれ十字架にかかるんだよね。神の計画なんだから。

　ヨハネの福音書13章には、弟子の足を洗うシーンがある。そこには、この裏切り者のユダも居た。自分の足を洗ってもらった人を裏切って出て行くんだよ。信じらんねーよ。そこまでして、イエスは「裏切ろうとしているお前のことを愛している」と、足を洗ったのにさ。

　なんでイエス様に足を洗われても、ユダは裏切りを実行したのだろう？　神の計画だから？　いやいや、自由意志だからユダの決断？　それだけじゃない。その罪深い（金を盗んでいた）ユダの心にサタンがしっかりと根を張っていた。そこが問題なわけだから、日頃から罪から離れた生活が大事ってこと。

　告白しなければならないことを先延ばしにしてませんか？

　神に対しては、否認も、偽証もできないってことは覚えておきましょう。

合わせて読みたい

・ヨハネの福音書13章

最後の晩餐

● 現代に受け継がれている聖餐式

この日から 2000 年以上続けられております聖餐式です。カトリックでは「聖体祭儀」「聖体の秘跡」といいます。イエスの血と体を飲んで食べて一体となる儀式です。オカルトではありません（笑）これは、ただの儀式じゃなくて秘蹟！神秘的な体験でもある。

まさしく、礼拝そのもの！　プロテスタントでは、月一回の教会が多いのは、「信仰と聖書のみ」を強調しているからかもしれない。みことば重視であるからかもしれない。メインディッシュが説教のプロテスタント。聖体拝領がメインのカトリックと覚えたらいい。

どちらも洗礼を受けた信者でなければ受けることができないが、プロテスタントの流れは「信じているなら聖餐式、受けてもいいよ」という教会も増えている。ここでその是非を問うことはしない。大事なのは互いを認めるということだ。我が母教会も洗礼をしていなくても心で信じているなら聖餐式に入れた。しかし、罪人の友　主イエス・キリスト教会は、そうではない。けれど、洗礼前でも聖餐式を受けることができる。えっなにそれ？ですよね（笑）

実は毎回、毎回、聖餐式の時に未受洗の人には起立をしてもらう。立った状態で信仰告白して、洗礼をすることを約束してもらう。その上で聖餐式に加われる仕組みにしている。なぜなら「人は心で信じて義と認められ、口で告白して救われるのです。」(ローマ書 10:10) と、あるからね。

ま～現代に「聖餐式」として受け継がれているんですね。これ

第22章

第23章

第24章

第25章

第26章

第27章

第28章

はどういうことかというと「イエスは生きておられる」ということの証。

　私はこの30節が大好き！「そして、賛美の歌を歌ってから、みなオリーブ山へ出かけて行った。」

　賛美は力。天使が応援にやってくること間違いなしなんだ。捕らえられて鞭打たれて、十字架に向かっていく、そのクライマックスに賛美。この賛美の力でイエスは前進していくんだよね、すごいよね！

　愚直に神がしろと言われていることを、飽きずに「し続けている」ことはありますか？

　そんなあなたは本当に素晴らしいです。

　賛美の力を体験したことはありますか？

　賛美の力は、神を讃える讃美歌を力一杯、心を込めて、歌詞を噛み締めて歌うと体験できます。讃美歌は祈りそのものだから！

合わせて読みたい

・コリント人への手紙第一 11 章 23 節～ 34 節

ペトロの離反を予告する
マタイの福音書 第 26 章 31 ～ 35 節

● 指摘されるとムキになっちゃわない？

　超有名なペテロの大失敗！まぁ、12弟子のトマスも、別のところで「一緒に死のうじゃないか」なんて啖呵をきってるし、ペテロだけじゃないんだろうけど、ペテロはリーダー格だったから余計に目立つね。失敗した後に克服できたし、弱さや失敗の経験があるからこそ、痛みがわかるリーダーとなれるんだよね。

　ゼカリヤ書の預言を提示してイエス様は「裏切るし、お前は俺のこと見捨てるよ」って、ペテロに預言するわけよ。優しいよなぁ。預言が成就するんだから自分を責めるなって言ってくれてるようなもんだ。

　激情型のペテロは、それでも受け入れられなくて、ますますムキになるわけよ。「俺はあなたと死にます」って。そこが我々と同じ弱い所で、人間ってのは急に自分の本心や、痛い所を突かれるとムキになるもんだよね。

　自分自身のことを良く分かっているつもりでいても、自分を造ってくれた神の方が、よく分かってくれていることを忘れちゃいけないよね。

　俺はね、18 ～ 20才のころ、池袋でヤクザになりたての時に、若いから組長のボディーガードについたわけ。抗争中に防弾チョッキ着て、防弾の鞄を持って、組長の脇を歩く。俺自身が弾除けってわけ。「オヤジの為に死にます」ってヤクザになったのにさ「もう、こんなところで死にたくない」って、ずっと撃たれないようにしてくださいって念じてたよ（笑）

　どんだけ、自分自身のことを分かっているつもりで分かってい

第22章

第23章

第24章

第25章

第26章

第27章

第28章

ないか？　カッコつけて「組長のために死にます」なんて言ってたって、そんなもんだったよ。

客観的に妻や友人から「お前はこういうところがあるよ」って指摘された時に「そんなことない」って全否定しちゃう、謙遜とは真逆の対応しちゃったりしない？

謙遜ってなんだろう？　謙遜とは
　　　「神のことを第一優先にできる人のこと」
　　　「神の命令に全部はいと、従うことのできる人」
　　　「指摘されたことを受け止められる余裕を持つ人」
　　　「柔和に対応できる人」

「自分のことより、他者のことを優先できる人」
　　　　　　　　　　　　　　（ウェインコデイロ牧師）
「どんな状況にも『これでいいのだ』と、言える人」
　　　　　　　　　　　　　　（関根一夫牧師）

「自分を造り変えてください」って自分のデザインメーカーである神様に祈っていきましょう。

合わせて読みたい

・旧約聖書 ゼカリヤ書9章9節

119

ゲッセマネで祈る
マタイの福音書 第 26 章 36 〜 46 節

● イエス様　究極の祈り

　「ゲッセマネ」ここは祈る場所なんだけど場所はオリーブ山。このオリーブ山ってさ、神殿が見下ろせるんだよね。一度行って本当に感動した。

　ソロモン王が献堂した神殿の奉献式には、神の臨在の雲が満ちて、奉仕者は立ってられなくて倒れたって書いてある。現代も祈って倒れる現象あるけどね。

　けれども、バビロン捕囚から帰ったユダヤ人たちが再建した（エズラ記、ネヘミヤ記）には、臨在はなかったんだけど、そのざっくり 500 年後に、神ご自身であるイエス・キリストが立たれたんだって、すげ〜　神の栄光そのもののイエス様！

　そんなでさ、エゼキエルには（偶像礼拝と不品行で裁かれることになるんだけど）神殿から神の栄光が去って、オリーブ山に出ていったってあるんだよ。その神の栄光が去って行った場所で、神殿を見下ろせるオリーブ山で、いつもイエスが祈られたってすごいよね。理にかなってる。

　そこで、十字架にかかる直前の祈りも、やっぱりここで祈るわけよ。

　なんで弟子たちが、起こされても寝ちゃうのか？　寝不足？　疲れ？　そんなんじゃない。霊的な戦いの最中、悪魔は総攻撃で十字架をやめさせようとするんだよね。あのイエスでさえ、苦しみ悶えるほどの葛藤で死の恐怖との戦い。そんな霊的な戦いに、弟子たちは耐えられなかったってことだと思うよ。

　私たちも大事な祈りの時に、眠ってしまう弱い自分は、卒業し

第22章

第23章

第24章

第25章

第26章

第27章

第28章

たいですね（笑）

「悪霊を追い出せ」という奥山実牧師の本には「眠りの悪霊」の存在の話があり、なるほどと膝を打った。古い本だが、名著であるのでオススメ！

ここで忘れてはならない、イエス様の究極の祈りは「我が父よ。できますならば、この杯（十字架）をわたしから過ぎ去ってください。しかし、わたしの願うようにではなく、あなたのみこころのように、なさってください。」

弱い人間はさ「この杯をわたしから過ぎ去ってください」から「しかし、わたしの願うようにではなく」に行くまでの間が長い時もあるよね？　信仰って、結局、従うことなんだなって、本当に、このイエス様の祈る姿勢でよく分かるよね。

合わせて読みたい

・旧約聖書 歴代誌第二 5 章

裏切られ、逮捕される
マタイの福音書 第26章47〜56節

● イエス様が逮捕される

逮捕されるという響き、嫌だねぇ（笑）

イエスの愛も虚しく、イスカリオテのユダは、裏切りを実行して捕らえに来た。ペテロは暴力団のボディーガードのようにローマ兵の耳を切り落とした。何という抗争事件！

しかし、ルカの福音書によれば、イエス様はローマ兵の耳を癒して、お縄になる。

ヨハネの福音書によれば、最初にローマ兵たちは、尻もちをついて倒れたという。神の許可無くしてイエスを捕らえ、殺すことなどできないんだってこと。だけど、イエスはゲッセマネで肚を決めていた。お縄になって十字架で死ぬことを。

預言の通りに弟子たちは、くものこをちらすように逃げ去ってしまう。この場面を読むと中野のブロードウェイで、ヤクザ者と2対2の喧嘩をした時のことを思い出す。酔っ払い同士の喧嘩で、いつも用心棒しているお店に来ている柄の悪い客でいつかやってやろうと思っていた。たまたま勝って、一人を生けどりにして、さらって本部事務所に運んだ。もう一人は背中の刺青を見せながら、逃げ去ったその姿が思い出される。（言っておくが、俺はケンカは弱い）

それから、自分も破門中に地元の先輩ヤクザ2人にさらわれて、ボコボコになり、サバイバルナイフで目の上を切られた。チャカ（拳銃）を横っ腹につけられた時は、ションベンちびるかと思ったけど、本当に、ちびらなかったよ（笑）

もう一人の先輩が情けをかけてくれて「野村、車の運転変われ

よ」と言ってくれて、変わる時に、ダッシュして逃げた。これは
逃がしてくれたとしか言いようがない。俺も同じように一目さん
に逃げたんだ。

みんな自分の命が可愛い。一番大事。だけど、信仰ってすげぇ
よな。自分の命よりイエス様を大事にしろという。親兄弟よりも
大事にしろという。ここで、つまづく人がいるのも確かなんだけ
ど、良く考えてみてよ。

あなたのために死んでくれた神ってイエス様しかいないよ。そ
れを信じるだけで、罪が赦されて、永遠が始まるんだよ。先に、
死んでくれたお方がイエス様だよ。

合わせて読みたい

・ヨハネの福音書 18 章

裁判を受ける

● 言うべきことだけは「ビシッ」と言う

大祭司カヤパの所に連行されたイエス様。裁判は通常、昼に開かれるのが当時も常識なのに夜中に行われている。これこそ暗闇の力（悪魔）が働いている証だよね。

だいたい神の律法に生きるものたちが偽証を求めるなんて、ちゃんちゃらおかしい。悪い方向に向かう集団心理だよね。妬みから始まる憎しみは本当に怖い。その感情に支配されると、なかなか抜け出せないし、行き着く所にまでいっちゃう。そう、人殺しだよ。だからイエス様は「兄弟を憎むものは人殺し」って言ったんだよ。

でもって、すごいのはさ、イエスはくだらない質問にはこたえないのよ。俺もさ、黙秘権使うの上手かったけどね（笑）

というかさ、刑事がさ、こういうのよ「進藤さ、お前、しゃべったら、おまんま食えねーもんな、どーせしゃべんねーだろ？」

俺の返答は「うん、そう、黙秘。ヤクザだからしゃべれませんって調書書いて！」これで終わり。

イエスの場合は、こんなゲスな話じゃなくてさ。もうやることやり尽くして、考えてもみてよ。神が神の身分や地位を捨てて、ちっぽけな人間として、しかも貧しい家庭に産まれて、家畜小屋の飼い葉桶で生湯を使って、十字架の三日前に訪ねてたのはツァラートの人の家だよ。病気で隔離されてる人だよ。最後の最後まで貧しい人と一緒にいて、来る人を拒むことなく癒して、尽くして来られたんだ。

自分の地位や権力にしがみついて、利権を守るために、イエス

を消そうとしている奴らに、話しても意味なし。生まれてきた計画を全うするためにね。時間の無駄ってなもんよ。俺はすげぇなって思う。俺なら喧嘩腰で、あーだ、こーだいっちゃうだろうね。もしくは命乞いする（笑）

イエス様はもう、十字架を背負うだけなんだよ。そんな時に、寝食を共にした弟子たちでさえ分からなかった、神殿を打ち壊して三日で建て直すって言う十字架と復活の比喩なんて、ハナから信じようとしないお前らに、話したってしょーがねぇってね。

とにかく、イエス様がカッコいいのはさ、言うべきことだけは「ビシッ」と言うわけよ。

63 ～ 64 節。「しかし、イエスは黙っておられた。そこで大祭司はイエスに言った。「私は生ける神によっておまえに命じる。おまえは神の子キリストなのか、答えよ。」

イエスは彼に言われた。「あなたが言ったとおりです。しかし、わたしはあなたがたに言います。あなたがたは今から後に、人の子が力ある方の右の座に着き、そして天の雲とともに来るのを見ることになります。」

くだらない議論は避けろと聖書は教えているが、自己防衛したくなるのが人間だよね？ 自己防衛して、余計にこじらせてしまったことはない？ 俺は夫婦喧嘩で良くある（笑）

合わせて読みたい

・ルカの福音書 22 章 63 節～ 71 節

ペテロ、イエスを知らないと言う
マタイの福音書 第 26 章 69 〜 75 節

● やっぱ大失敗しちゃうペテロだが

　使徒ペテロが世界のリーダーとして存在する力は、この失敗があったからこそ。「失敗は私を育てるコーチ」なんだと俺は喰らいつく。

　ペテロの親しみやすさってのは、イエス様のことが心配で心配で、カヤパの家にまでこっそりついて行ったって所じゃない？

　女中たちに見破られた時に咄嗟に嘘をつく弱さ。「一緒に死ぬんじゃなかったんかーーい？！」と、ツッコミを入れたくなる(笑)

　まー、俺だったら、一発目の女中の一言「あなたもガリラヤ人イエスと一緒にいましたね。」で縮み上がって逃げていくね（笑）

　三回も否定できない。情けねーんだか、勇敢なんだか。でも、その弱さがやがては、人の心を受け止める深さになるんだよね。ま、それには砕かれる経験が必要なんだけどね。

　この場面に建てられた教会にも行った記憶がある。自分の弱さをマザマザと体験して、絶望する。自分すら信じられなくなるような体験。全てが崩れ落ちる経験。これを神学用語で「砕かれる」という。神が大きな働きのために人を用いる時には、必ず砕かれた人を用いる。陶器師の例えの通り、一度粉々にしてから、作りなおすんだね。

　ペテロは、この「砕かれる」体験をここでしたんだよね。鶏が鳴くコケコッコー！は、お前は有罪！と、叫んでいた。イエスの言った通り「お前は自分の命が一番の弱い人間なんだ」って、鶏が叫んでいたんだ。落ち込むのは無理もないよね。

　ペテロは激しく泣いた。この経験が最も強い原点となる。その

涙には、必ず応える神が居ると言うことがクリスチャンの強みで宝だよね。

これには後日談があって、ヨハネの福音書21章に同じく3回、復活のイエスが「誰より私を愛するか」と、同じ焚き火を起こした所で回復させてくれる。

俺たちもおんなじだよ。砕かれたまま、傷心したまま、落ち込んだままには神はさせないよ。だって神は愛だから。だからどんな時も神だけは求めて欲しい。

俺は神に髪を求めているけどね（笑）

合わせて読みたい

・旧約聖書 エレミヤ書 18 章 1-12 節
・旧約聖書 イザヤ書 64 章 5-8 節
・新約聖書 ローマ書 9 章 19-29 節

第26章を終えて
進藤龍也からの質問

今のあなたは、何に頼りますか？

+ + + MEMO + + +

第27章

ユダ、自殺する

マタイの福音書 第 27 章 1 ～ 10 節

● 後悔と悔い改めの違い

　イスカリオテのユダが、イエス様を裏切ったことを後悔して自殺する暗い話なんだけど、この裏切り者として烙印を押されたイスカリオテのユダからの学びは、後悔と悔い改めの違い。

　決定的に違うのは、後悔とは悔いるだけで未来に対する設計がないのに比べて、悔い改めとは文字通り「改めること」。自分の間違っていた態度や行動を改めて生きること。

　そして、間違っていたことを素直に認めて、謝罪する相手がいるなら、謝罪をするということ。まぁ相手の感情など場合によってはできないこともあるけどね。

　イスカリオテのユダには、後悔はあっても、悔い改めがなかったことが自殺という形で証明される。もちろん、現代において、うつ病など、病の延長による自殺を理解する必要があるけど、イスカリオテのユダの件は読めば読むほど悔やまれる記事だよね。

　イスカリオテのユダが悔い改めに至っていたとしたら、イエスの十字架の下に来て、使徒ヨハネと聖母マリアと共に並び、土下座状態でひれ伏していたことだろう。「イエス様、赦してください」って一言、十字架の下にきて謝罪ができていたら、絶対に赦されたし、キリストは喜ばれたに違いない。

　我々も同じだ。いつでも自分の間違いが分かったら、キリストの十字架の下に行くべきで「遅いじゃないか！」なんて怒るような神ではないんだから。

第22章

第23章

第24章

第25章

第26章

第27章

第28章

● 娘と親父は自死でした

次回作は「自死」について、自死遺族の1人として書き残したいと思っている。罪友教会は基本的には前科と病気はオープンで！と言うことにしている。もちろんオープンにしなくてもいいけど。

うちの娘は再会する前（再会は高校一年生）に統合失調症と言われていたり、双極性だと言われたりしていたらしい。だけど再会してからは病理がわからないほどに回復していたんだ。だから信仰で治っていたと思っていたけど、自死する数ヶ月前はちょっと不安定だった。難しい年頃ではあったけど、気がついてやれなかったと自分を責め、悔やみもした。もちろん元妻の母親にもわからないほど突発的だった。

親父も実は自死している。私の牧師として最初の葬儀が親父だった。死の霊、自殺の霊は家族に行くことが多いとカナダの牧師に聞いたことがある。それはともかくとして、娘は病気の延長としての自死である。私は、この手で洗礼を授けたものとして娘が私のために今は天国で祈ってくれていると確信している。父もキリストを信じてはいなかったけど、私が信仰を捨てない限り希望がある！　今も「父を救ってください！」と祈っているよ。今、無性に父と娘に会いたいんだよね。だけど、天国での再会の希望があるって嬉しいことだよね！

詳しいことは次回作をお楽しみに！

合わせて読みたい

・旧約聖書 ゼカリヤ書 11 章（この記事の預言）

131

ピラトから尋問される

マタイの福音書 第27章11〜26節

● やっぱ大事なこと以外は答えない

　総督ピラトの苦悩と弱さが露見する場面だよね。肝心なところでリーダーシップが取れない。結構な圧政を敷きつつも、ユダヤ人達がまとまってイエス排除運動の一致を見るときに、自分の身を守ろう問題を起こさないようにしようして「勝手にしろ！」ってサジを投げちゃう。最後まで強硬姿勢で行こうと思えば、行けたと思うけどね。

　まぁ、そんなことより、ピラトの尋問に大事なこと以外は答えていない。そんなキリストの所から学ぶことがあるよね。

　言われもない悪口や誹謗中傷に取り組む必要はないよってこと。時間の無駄だし、便所の落書きみたいなもんだよね。妬みで人を蔑むことで自分の自尊心を上げることしかできない人の哀れな行動なの。気にしないのが一番。この時代の病はインターネットを通じて人の悪口を書くこと。俺は、まず「自分からやめる」って決めた。賛同してくれる人が一人でもいてくれたなら、やった甲斐がある。

　そうそう、バラバが出てくるね！

　出所の後の俺を受け止めてくれて教会に住まわせてくれて、洗礼を授けてくれた単立シロアムキリスト教会は、ミッションバラバという元ヤクザの伝道集団の鈴木啓之牧師なんだけど、このキリストの代わりに釈放された極悪人バラバから名前が取られているんだよね。

　このバラバってね、全てのクリスチャンってことなんだよ。

　罪のために死ぬはずの我が身が、キリストの身代わりに釈放さ

れて自由になるっていう、俺もやっぱりバラバなんだよ。これを
見てる、あなたもね。残念ながら（笑）

合わせて読みたい

・旧約聖書 ヨブ記 33 章 14 節〜 17 節
・旧約聖書 イザヤ書 53 章 7 節

兵士から侮辱される

マタイの福音書 第 27 章 27 ～ 31 節

● ありとあらゆる侮辱を受ける

　総督ピラトも、ことなかれ主義となり、無実と確信があるのに「自分の身」を守るためにイエス様を犠牲にしたと言っていい。無実を確信しながら合議で負けて死刑判決文を書かなければならなくなった袴田事件の熊本典道裁判官を思い出す。熊本さんもピラトのように努力した。そして、袴田さん救済に合流する。

　バラバは釈放され、ピラトに死刑を宣告されたイエスは鞭打たれた。この鞭打ちが想像を絶する拷問で、40 回打ったら死んじまうってことで、39 回までとなってたみたい。これじゃぁ、自力で十字架を担いでゴルゴダの丘に行けないよね。

　それだけじゃない、ローマ兵達にバカにされ、こづかれ、ツバをかけられた。涙が出てきゃうよ。俺のためにだよ！　弟子にも裏切られて、逃げられてさ。

　王様の格好を馬鹿にした緋色の衣と茨の冠、王笏の代わりの葦の棒切れ、王様万歳と言ってツバを吹きかける。こんな虐待ゆるせねーありえねー。でもさ、このローマ兵の姿って俺自身なんだよね。

　イエスのことを天の大祭司だと新約聖書のヘブル書では言っているんだけど、人間として屈辱も侮辱も裏切りも誹謗中傷も体験した神ご自身は唯一、イエス様だけだよね。俺の痛みを全部わかってくれる神だからこそ、俺は、このイエスという男に惚れちゃってる。

鞭打ち刑に使用された鞭

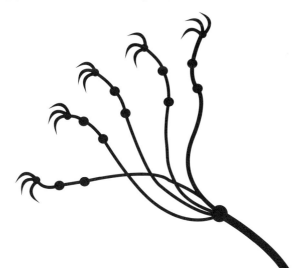

イエスの時代、鞭（ムチ）打ち刑に使用された鞭（ムチ）は、先端にトゲや鉛などが付いている武器だった

合わせて読みたい

・ヘブル人への手紙 4 章 15 節
・ヘブル人への手紙 5 章 2 節

第22章

第23章

第24章

第25章

第26章

第27章

第28章

十字架につけられる
マタイの福音書 第 27 章 32 〜 44 節

● 十字架につけられる

寝ずの裁判、今で言うと違法捜査に 39 回の鞭打ちで疲労困憊、等身大の十字架を背負って歩けるわけもなく、シモンというクレネ人がイエスの十字架を担ぐ場面から始まる。

ローマ兵に無理やりさ「おい、そこのアフリカ人、死刑囚の代わりに運べ！」なんて言われてさ、「えっ！俺？ついてねーなー」みたいな。でも、そのとばっちりが人生を変える恵みの時だったんだよ。ついてねーなー！？なんて思った時こそ、そのクレネ人シモンを思い出そう。

マタイの福音書とは、ユダヤ人である収税人マタイが、ユダヤ人に向けて書いているから、旧約聖書の引用が 1 番多いんだよね。そのマタイが言わんとしている十字架もね、旧約聖書の預言の成就だったと言うことを主張してんだよ。

「聖書の中の聖書」と呼ばれている詩篇の中のダビデの詩篇 22 篇の成就だってね！　ほら、詩篇に書いてあるでしょ！って。マタイが叫んでいるようだよ。

三人が十字架で処刑されるにあたって、真ん中にされるってのは、主犯格とか、一番罪が重いやつとか、そんな意味合いがあったんだけど。そりゃ、もてはやされたり、手のひらを返されて「十字架につけろ」と叫ばれたり、イエスは時の人だからね。

見物人も、ユダヤ人指導者たちも、みんなが愚弄し、ツバをかけて罵った。「神なら降りてこい！」って。イエス様は降りられたはずなんだけどね（笑）

ここで降りちゃったら、俺も人類の罪も赦されなくなっちゃう

第22章

第23章

第24章

第25章

第26章

第27章

第28章

から、降りないわけだけど、そんな神の奥義なんてわかりゃせん わねって、つくづく今の時代に生まれてよかったと思うよ。この 時代に生まれてたら間違いなく、同じように俺も十字架のイエス にツバかけてるんじゃないかな（笑）

この十字架の場面で好きな場面は、俺はルカの福音書なんだけ ど、なぜかって言うと、隣の死刑囚が信じて救われんのよ。イエ スの言葉がカッコいいんだよね。「あなたは今日、私と一緒にパ ラダイスに居ます。」一緒にだよ！ やったぁっていう感じ。俺 も死んだ時にイエスが迎えに来てくれる。なんて幸せなんだ。で も死ぬ瞬間怖いっす！うん、牧師でも怖い（笑）

さて、話を戻そう。クリスチャンになっても、死刑囚だからい いこともできずに、死刑台の上からパラダイスに行った死刑囚が イエスを信じて天国に入った第一号と言うことを忘れちゃいけな い。これを棚ぼたの恵み。神の太っ腹というんだよ。だから、人 に対して寛容にならないとね。

殺人犯は赦せねぇ。不倫は赦せねぇって、多くのクリスチャン までもが言うけど、モーセもダビデも殺人犯ですから（笑）

ダビデなんて、自分の忠実な部下の妻を寝とる最低な男だよ。 その寝とった妻を自分のものにするために部下を殺すんだよ。サ イテーだけど、何で世界的に愛されてるのか？ 悔い改めて、と ことん神を愛して、愛された人物からだよ。

最後に、この場面は、それぞれの福音記者と総合的に読むと、 より立体的にわかるのでおススメ。マルコ 15:21-32。ルカ 23:26- 43。ヨハネ 19:17-27。

合わせて読みたい

・ローマ書 16 章 13 節
・旧約聖書 詩篇 22 篇 17-18 節

イエスの死

● イエス様が死んじまった

とうとう、有言実行、イエス様が十字架で死んじまった。

昼の 12 時なのに、全地が暗くなったのは、出エジプトの時を思い出させる。神の裁きを顕しているんだよ。出エジプト記のときは、罪の代表格のパロとエジプト国家への裁きだけど、今回は人類に対しての裁き。これをイエスが十字架上で、引き受けたと言うこと。アメージング！

46 節。「わが神、わが神、どうしてわたしをお見捨てになったのですか」

これは詩篇 22 篇の冒頭の御言葉なんだけど、もちろん預言の成就でもあるんだけど、罪と罪から来る呪いを引き受けた身となったイエスは「父」とは呼べない。それから、ユダヤ人が誰でも知っている 22 篇から、「わが神、わが神」と、最期の今際の際で親しく神に助けを求めているところがすごいよね。

「神殿の垂れ幕が上から下に真っ二つに裂けた」とあるけど、その幕って厚みが 5 センチもあるみたいよ。そんなもん切れねーし！　しかも上からでしょ？　どういうことよ？

つまり、神が自ら、独り子を死に追いやって、人と神の仕切りだった罪を赦したってことの証として、幕が上から真っ二つに裂かれたってことなんだよね。

神殿の幕ってのは、神と人との境なんだけど、それが上から裂けたってことは、神がイエスの身代わりの死を、生贄として神が認めたってことになるね。

第22章

第23章

第24章

第25章

第26章

第27章

第28章

　十字架のイエスの死をおさらいしてみよう。

　上巻にも書いたけど、アダムとイブの罪の結果として人間は必ず死ぬこととなった。それだけではなく、生きているけど神と交われない関係になってしまった。つまり、神との関係を持たなくなってしまった。これを霊的な死という。

　だから、本来は「生きた屍」というのは、神との関係がない人のことを言うんだけど、その霊的に死んだ人は、言い辛いんだけど、死んでパラダイスに行けないの。

　もっというと、肉体を持って生きている時でさえ、悪魔の支配下に組み込まれているっていうことなんだね。本当の神を知らないから、占いなんてやっちゃうんだよ。昔の俺もそうだったけどね（笑）

　悪魔に奪われてしまった人間を永遠に取り戻すために、神の独り子である、子なる神が「人間イエス」として生まれてきた。そして、全人類の生贄として、十字架についたってこと。これを神学用語で「贖い」という。

　死んで終わりじゃないからキリスト教なわけよ。そう「復活」があるわけ。大事復活！弱っちぃ俺らにも復活が必要でしょ。

合わせて読みたい

・旧約聖書 創世記2章

139

墓に葬られる

マタイの福音書 第 27 章 57 〜 66 節

● 墓に葬られるイエス様

ヤクザの頃、こんなことをよく言ったもんだよ。「漢（おとこ）はな、いざって言う時なんだよ。引き金を引けるか？　引けないか？　殺せるか？　殺せないか？」

そんなことを言っては、毎晩、兄貴分の店や用心棒をしているキャバクラでただ飲みをして遊び呆けていた。でも実際に抗争になれば、いつも代行であるはずの私が拳銃を握る。それはちゃんと喧嘩のできる組織である証拠でさ、チンピラじゃ逃げるかもしれねーし、引き金が引けなかったこともあるわけさ。それからパクられた後がね、お口の固い人が求められるわけ。まぁ引き金引いた後、身代わりを出せるかもしれないけどね。

さて、イエス様の埋葬の時に、ユダヤ最高議会の議員ともあろうお方が、イエスの遺体を引き取りに来んだよ。すげぇことだよ。つーか、今まで隠れキリシタンだったのにね（笑）

十字架のイエスの祈りや言葉を聞いた一人かもしれない。それで、非難や追放を覚悟してやった偉大なことなんだよ。全財産を捨てる価値あるイエスなんだとわかったアリマタヤのヨセフの行動だね。

金曜の日没から安息日は始まってしまうから、日没前に遺体を十字架から降ろしたってことは、まだ遺体が温かったかもしれない。まだ見物人や死刑に定めた議員たちも居たかもしれない。そんな中での勇気ある行動なんだよ。

日没になり安息日が始まってしまえば、何もできない。そして、自分のために用意した高級な墓に葬られた。これで旧約聖書イザ

ヤ書 53:9 の預言が成就した。

　それで、ユダヤ人議会の人たちは、念には念を入れて番兵を付けて見張りを置いてくれるように頼んだ。そして屈強なローマ兵と、墓には大の大人が二人以上で動かさなければ動かない大きな岩に封印までして、遺体を盗まれないようにしたんだけどさ、遺体を盗みに行くほど、勇気のあるやつなんて居なかったのが現実。

合わせて読みたい

・旧約聖書 イザヤ書 53 章

第22章

第23章

第24章

第25章

第26章

第27章

第28章

第 27 章を終えて
進藤龍也からの質問

あなた自身のために、イエス・キリストは、あなたに何
の条件も付けずに身代わりに死んでくれました。
そのことを信じられますか？

+　　+　　+　　MEMO　　+　　+　　+

第 28 章

復活する

マタイの福音書 第28章1〜15節

● 復活するイエス

　金曜日の15:00に十字架で死んで、日没までにイエスの死体を、墓に収めた。土曜日まるまる墓の中（洞窟）に収められ、封印され、日曜日の明け方に復活した。足掛け三日なんだけど、これで三日とベブル的には数えていいみたいなんだって！

　マグダラのマリヤともう一人のマリアの所に、最初に復活のイエスが現れたということが議論されたりするけど、死体のために香油を塗りに行くほど、イエスを愛していた女性たちってことだろうし、ルカの福音書では「墓に収められる様子を見届けたからだ」とも言えるよね？　間違いなく収められたぞと。残念ながら男性の12使徒は、身の危険を感じて逃げていた。

　イエスは生前から、死んで三日目に復活するって公言してたんだから、そりゃ目くじらたてて、ローマもユダヤ人議会も墓を見張るわな。

　そこでさ、信じていないローマ兵がさ、天使を見て死人のようになったってあるけど、信じない者がどうなるかってことだと俺は思ってる。

　使徒行伝というキリストの弟子たちの話があるけど、囚人パウロとシラスが賛美歌を歌っていると地震が来て、囚人が逃げ出したと思って、看守は自殺しようとして、パウロはじめ、全ての囚人は逃げないで、看守の自殺を止めたばかりか、看守とその家族をキリスト信仰に導く話が16章にあるんだけど。時の人、イエスの死体が盗まれた！　なんて大失態を犯したら、死刑か厳罰は免れないのは明白なんだよね、それをローマ総督府に掛け合って、

144

番兵の身柄を保証しつつ、作り話でローマ総督府を丸め込むことが不思議でしょ？　それだけ、この時の大祭司とサンヘドリン議会という宗教指導者たちが、いかに利権を持っていたかということ。ローマに支配されていたとはいえ、ローマに治安をある程度、委任されていたか。モーセの律法の解釈本（聖書と同等の権威：間違っているけどね）を、かさに利権を握っていたかがわかる話なんだよ。

　とにかく、イエスが言われていたように復活した。世界の四聖人の中の三人、釈迦も孔子もソクラテスも死んだ。しかし、イエスだけが死を打ち破り復活した！
　神になりたいと思った歴史上の人物は多いけど、神が人となったのはイエスしかいないんだよね。

　なぜ、復活が大事なのか？　イエスだけが成し得たからだけではないんだよね。
　死というのは罪の結果なんだ。だから、旧約聖書のレビ記には「死体に触れるものは穢れる」と、書いてあって祭儀、儀式を執り行えなくなったりするんだよね。それは、天国には死がないということと「死は、罪の結果である」ということ。だから、死体に触れることも赦されなかったわけ。

　死んだはずのイエスが復活したということは、罪の解決をしたということ。だから、信じる者は救われるんだね。あ〜　すげぇ棚ぼた。俺って超ラッキー！　信じることができた人はみんな超ラッキー！

第22章
第23章
第24章
第25章
第26章
第27章
第28章

弟子たちを派遣する
マタイの福音書 第 28 章 16 〜 20 節

● 弟子たちを派遣する

これはクリスチャンの間では「大宣教命令」って言われている
もので、漏れることなく、すべてのクリスチャンに与えられた命
令なんだけど、命令というより、このありえないほどの神の愛を
受けたクリスチャンはイエスを伝えずにはおれない！　っていう
のが本当のところ。

信教の自由があるのに、隠れキリシタンである必要は全くない
し、現実には、クリスチャンが迫害されている国の方がクリスチャ
ンが増え続けていくという現実がある。

さて、聖書に戻ろう。イエスの指示に基づいてガリラヤに行き、
イエスとお会いして、平伏して礼拝した。復活のイエスは神とし
て礼拝を受けられた。しかし、その弟子でさえ、疑う者がいた。
それほど、人間という者は、頑固である証拠だよね。聖霊のバプ
テスマを必要としている存在であるということだね。

これは地上の教会の姿を表している。疑う者を含んだ礼拝。疑
う者に近づいてくれるイエス。そういうことだ。

ルカの福音書では、手を挙げ祝福しながら天に昇られたという。
今もその祝福は、祝福しっぱなしであること！　だから俺たちク
リスチャンは祝福できるんだね、いかなる時も！

天に帰る時のイエスの命令は「あらゆる国の人々を弟子としな
しなさい。そして、父と子と聖霊の御名によってバプテスマを授

け」なんだけど、ここで大切なのは、自分の弟子をつくることではなくて「キリストの弟子」をつくるということ。まぁ俺も弟子の立場として、キリストの弟子となる訓練は一生で続くんだけど、師匠に対して、キリストの弟子だから、俺の考えと合わないから「師匠、あなたの意見に従いません！」なんて、言わないよね？目に見える師匠を愛して従えないなら、目に見えない神を愛して従うことなんてできないんだよ。

　弟子の立場からは、徹頭徹尾、従うことの訓練はするべきだね。ダビデがいい例だよ。彼が飛び抜けてすごいのは、神と、神の選んだ愚かなサウル王に従順したっていうことだ。それがダビデが王になる訓練だったし、テストだったんだよね。

　さて、最後のイエスの祝福の言葉が我々クリスチャンの平安の源。「見よ。私は、世の終わりまで、いつも、あなた方と共にいます」

　実はこれ、信じていない人たちにも言っているんだよね。だって全ての人の命の根源なんだから、俺みたいなヤクザもイエスによって救われて、真逆の生き方をしているでしょ？

　イエスはずっと、生まれてから死ぬまで、あなたとともにいてくださっている。そのことを本当に信じてほしいな。そのために、この本を書いているんだよね。

　あなたの人生が祝福されて、病が癒やされ、人間関係も癒されて、あるいはどんな苦しみの中にあっても心の平安を保つ、そんな人生に変わりますように。

　俺の人生はヤクザの頃より100倍、楽しく、100倍平穏で、喜んでいる。100倍とは「尽きることのない」って言うこと。

　あなたの人生がキリストにあって平安がありますように！

第22章
第23章
第24章
第25章
第26章
第27章
第28章

第 28 章を終えて
進藤龍也からの質問

あなたの罪と罪からくる呪いのために十字架で死んでくれただけではなく「死んでも生きる」という永遠の命のために、3日目に甦られたイエス・キリスト。
あなたは信じることができましたか？

+　　+　　+　　MEMO　　+　　+　　+

巻末もくじ

イエスはなぜ？
　　十字架にかかったのか？ ···················· *150*

復活は神にしかできない神のやり方 ······· *152*

十字架上の７つのみ言葉 ····················· *154*

十字架は愛と正義の貫き ····················· *155*

キリストの再臨とは？ ························· *156*

私には夢がある！ ····························· *158*

本書ができるまで
　　半田龍一郎という男 ······················· *160*

母教会シロアムキリスト教会と
　　鈴木啓之牧師 ······························ *162*

【図解】イエスの一生 ························ *165*

あとがきに代えて ···························· *166*

同じ匂いがした男 ······················· *170*
　　シロアム・キリスト教会 主任牧師　鈴木 啓之

編集後記 ···································· *172*
　　　　　　本書担当編集者　半田 龍一郎

進藤龍也 主なネット活動 ···················· *176*

罪友教会 活動案内 ··························· *178*

著者プロフィール ···························· *180*

第22章

第23章

第24章

第25章

第26章

第27章

第28章

イエスはなぜ？
##　　　　十字架にかかったのか？

　この時代のユダヤ人は大方、ユダ・マカバイ（紀元前165年に制定されたハヌカの祭りの出来事で、シリアのアンティオコス4世が統治していたがユダヤ人のアイデンティティである神殿にギリシャの偶像などを安置して豚を生贄に捧げるという暴挙から神殿を取り返し独立を勝ち取った）のような政治的にも軍事的にも、ユダヤ民族がローマ帝国からの独立を果たしてくれる救い主を求めていた。

　しかし、イエス様は、そうではなかった。裏切ったイスカリオテのユダも、もしかするといつクーデターを決起してくれるのか？という期待がイエスにあったのかもしれない。事実、熱心党のシモンが12弟子の中にいる。この熱心党とは武力でユダヤ独立を目指す組織だもんね。ありうるよね。

　今もユダヤ教は救い主を求めているんだよ。ユダヤ教だとイエス様は画期的な預言者ではあるが救い主ではないから・・・

　当時のラビ達の中で信じられていた一つに「ユダヤ人の全員が完璧に安息日を二日守ることができたら、救い主は来るはずだ」と、信じていたらしいんだ。これはハワイの聖書学校の日本支部で聞いたんだけどね。すると、仕事をしてはいけない土曜日の安息日に医療行為をして、安息日を汚すイエスという男を危険視するのもわかるよね？　パリサイ人からすれば「邪魔すんじゃねーよ！この野郎なんど言えばわかんだよ！」みたいなね。しかし、そもそも、当時のラビ達は聖書の権威と等しく、口伝律法、つまりラビ達の解釈の指南書にも同等の権威を置いていて、さらに細かく目くじらをたてて、人々を罪に定めて注意していた自分たちを省みない。コロナ禍の自粛警察、マスク警察みたいにね（笑）

こんな行動を取る人のことを「律法主義」という言葉で、クリスチャン達の間で残っているんだけど「アイツは律法主義だね」なんていう奴も律法主義クリスチャンだったりする。みんな自分のことはわかんないもんなんだよ。だから「人を裁くな」と聖書は教えてんだよね。

　俺？そりゃ律法主義！（笑）　ジョークだよ。そうならないように気をつけてます！はい。でもね人間ってさ、律法主義の方が何かと管理しやすいし、律法主義に陥りやすい者であるって自覚するといいと思うよ。

　さて、もう一つの最大の理由は、創造主なる神を父と呼んだということ。創造主なる神は畏れ多く、その名前さえ軽々しく言えないものだった。だから「御名」とか「主」とか表現する。その畏れ多い神に対して「父」と呼ぶことは、自分を神と等しくしているということでもある。無論、これは間違ってはいないんだけど、目の前にいる自分と同じような人間をみて、誰も神だとは思わないよね？イザヤの預言のように、見栄えもしない人なんだから！

　最後の最後に、これから十字架に行くよって時の裁判において、くだらねー質問には黙秘なんだけど「お前は神か？」の質問には答えるんだよね。最後の最後に！カックイイなぁ〜

1）安息日を汚した。
2）神を父と呼んで自分を神とした。

　この二つが十字架につけられる最大の理由なんだけど、霊的な創造主なる神の理由は、もちろん「信じる者全てを悪魔の手から神が取り戻すため」「信じる者が永遠に神の国で生きるため」だ！

　あー、なんで俺は幸せなんだ！

　だから、これを読む人に伝えたいだよ。

　イエスを信じるだけで、永遠に生きるんだよ！って。

　こんな棚ぼたないじゃん！　これを福音と言うんだよ。賢い牧師のフリしていうけどさ（笑）

復活は神にしかできない 神のやり方

　もし、キリストが復活していなかったら？　聖書全部が嘘っぱちになるんだよね。旧約聖書も新約聖書も全部が嘘っぱちになるね。

　使徒パウロがいうように、キリストを信じた者は、自分の罪と罪深い体質を十字架につけてしまったんだよ。だから、全く新しい人に「霊」が造り変えられた、つまり「聖霊が入った」ってことだ。

　しかしね、十字架で終わってしまったら、不完全になっちゃうんだよね。それは新しい人が生きなきゃならんでしょ？　キリストを信じた人が天国で永遠に生きることなんてのは、当たり前の話なんだよね。

　罪深い体質だった人間が死なねーで、生きたまんま、真人間に変えられてゆく（少しづつでも）これが福音の醍醐味でさ、この人生の復活がなけりゃ面白くもなんともなくてさ、そこらのね「良いことすりゃ極楽ですよ」って、言ってる世の中の宗教と変わらねーっての。

　キリストが信じた者の内側に住んでいるから、死なねーで生まれ変われるってことんだよね。これがね、キリストの復活にあやかる復活信仰ってやつ。だからね、復活信仰に生きてるクリスチャンは、生きてんだよ！　霊がイキイキしてるから輝くんだよ。

　苦しい時こそね。そのときこそ、人格の見せどころじゃないかな？いや、内側におられるキリストの見せどころじゃないかな？　凹むのは良いさ！人間だもの（笑）

　ただね「そのままでいいや」って、落ち込んだままの状態で諦めることは、神の御心じゃないよ。復活信仰ってはさ、毎日のことなんだよ。三日目に甦ったキリスト！　ちなみに「甦り」は、更生って書くんだよね。

キリストの弟子はさ、12人だけじゃなくて、他にもたくさんいて、実際に復活したキリストを見て、キリストと話をして、食事もしたからこそ、命を取られても、嘘は言えなかったんだよ。「キリストは死んだままです」って事実と反することは言えなかったんだ。

　俺はヘタレで痛いの嫌いだから、爪剥がされそうになったら、どうなるかな？　聖霊とアドレナリンで、耐えちゃうのかな？　なんて殉教のことを考えたりしたこともあるし、殉教者になりたくない！なんて思うヘタレだよ。だけど神と人とに誠実に生きたいと、シャブ中の腐れヤクザだった俺がこう思える。実行に移してる。

これが福音、これが THE 復活信仰！

　悪魔でさえ、神の子が十字架で死ぬことが、悪魔の滅びだとはわからなかった。当時の人間、誰一人として、神のやり方の十字架と復活で、悪魔をやっつけるなんて、わからなかったんだ。

　今、俺たちは、それを知ってるありがたい時代の人間なんだよな！

十字架上の7つのみ言葉

ルカの福音書 23 章 34 節
「父よ。彼らをお赦しください。彼らは、何をしているのか自分でわからないのです。」

ルカの福音書 23 章 43 節
「まことに、あなたに告げます。あなたはきょう、わたしとともにパラダイスにいます。」

ヨハネの福音書 19 章 26 節
「女の方。そこに、あなたの息子がいます」

マタイの福音書 27 章 46 節
「エリ、エリ、レマ、サバクタニ」と叫ばれた。これは、「わが神、わが神。どうしてわたしをお見捨てになったのですか」という意味である。

ヨハネの福音書 19 章 28 節
イエスは、すべてのことが完了したのを知って、聖書が成就するために、「わたしは渇く」と言われた。

ヨハネの福音書 19 章 30 節
イエスは、酸いぶどう酒を受けられると、「完了した」と言われた。そして、頭をたれて、霊をお渡しになった。

ルカの福音書 23 章 46 節
イエスは大声で叫んで、言われた。「父よ。わが霊を御手にゆだねます。」こう言って、息を引き取られた。

十字架は愛と正義の貫き

愛　　⇒　　赦し

正義　⇒　裁き

　人類すべての人の罪を正義により裁かなくてはいけない。
　だけど、そうすると誰一人として生き残れない。父なる神の方法は、ひとり子の神イエス・キリストを生贄として身代わりに殺し裁きを成就した。

これが十字架

十字架で罪を滅ぼした後

復活！

十字架と復活！　これがキリスト教！
信じた人の人生に起こる復活です。

キリストの再臨とは？

　イエス・キリストが神の位を捨てて人間として、この世に誕生し、33歳で十字架で人類の罪のために生け贄として殺され、墓に葬られて3日目の朝、日曜日の明け方に甦られて、40日を弟子たちと過ごし、天に昇っていかれた。これをキリストの「**初臨**」という。

　「**再臨**」というのは、天からもう一度やってくるキリストのこと。

　主な聖書箇所としては

　　① マタイの福音書 24 章

　　② マルコの福音書 13 章

　　③ ルカの福音書 21 章

　　④ ヨハネの福音書 14 章 1 節〜 3 節

　　⑤ テサロニケ人への手紙第一 4 章 13 節〜 18 節

　　⑥ ヨハネの黙示録 14 章 14 節〜 20 節

　　⑦ ヨハネの黙示録 19 章 11 節〜 21 節

　　※ ⑥と⑦の2つは短くてわかりやすいと思う。

キリストも、多くの人の罪を負うためにただ一度身を献げられた後、二度目には、罪を負うためではなく、御自分を待望している人たちに、救いをもたらすために現れてくださるのです。(ピレモンへの手紙 9 章 28 節)

　見よ、その方が雲に乗って来られる。すべての人の目が彼を仰ぎ見る、ことに、彼を突き刺した者どもは。地上の諸民族は皆、彼のために嘆き悲しむ。然り、アーメン。(ヨハネの黙示録 1 章 7 節)

　旧約聖書には、キリスト預言に実は満ちていて、どの書物にもキリスト預言であると同様に、新約聖書に至っては幾度も再臨の預言がある。

　まあ、実質的にクリスチャンは、このことを信じている！　まあ、なんとクレイジーなことか。雲に乗ってくるんだってよ。

　孫悟空かよ！　みたいな（笑）

いやーなんか、想像できちゃうのが怖いわ！　自分で。ラッパの号令と共に従ってきた天使たちの人々の刈り取りが始まるわけね。その行いについて、信仰について、裁きも始まるわけよ。それを信じてるわけ！

　それでヨハネの黙示録の最期の御言葉「マラナタ　主よ。来てください！」って祈りがあるんだけどね。再臨信仰者は、この祈りをすると聞いたよ。

　俺、再臨は「もうちょっと待ってやってください！」と言いたいの。だって、キリストを信じてない人がこの日本にはウヨウヨ居るじゃない。クリスチャンでいっぱいになってからじゃないと困る（笑）

　ちなみに初代教会時代は再臨信仰が熱狂的でね、テサロニケ教会の人たちは愛に溢れて聖書を学ぶことに熱心だったけど、一つの欠点は再臨信仰が生きすぎてて、仕事辞めちゃったり、働かなくなったり、しちゃったらしい。だからパウロが戒めて、「働きたくないものは食べるなと命じたはずだ」なんて書いたわけ。まあ、結果的には2000年たった今でも再臨してないんだけどね！　いずれは来るよ。キリストが！それが約束なんだから。

　神にとっては千年は1日みたいなもんだって聖書にはあるから、まだまだ程遠いのかもしれないけどね。

　仏教の弥勒菩薩ってさ、あれは再臨のキリストのパクリだと思ってるよ。弥勒菩薩ってね、世を救うために56億7000年後に現れる菩薩らしい。Wikipediaによると「弥勒は現在仏であるゴータマ・ブッダ（釈迦牟尼仏）の次にブッダとなることが約束された菩薩（修行者）で、ゴータマの入滅後56億7千万年後の未来にこの世界に現われ悟りを開き、多くの人々を救済するとされる。」

キリストじゃーん！　笑

私には夢がある!

　もう10年近く前の話になるが岡山刑務所の竹ノ内教誨師に紹介された岡山刑務所所長（当時）に「進藤さんの本を読んだことがあります。あなたのような方にぜひ関わってもらいたい」と言うことで所長の任期一年だけ、特別面接員として、1日何人でも1時間以内の面会が許されました。岡山ですから何回も行けるわけもないのですが。その頃から岡山刑務所のキリスト教誨に参加している無期囚の人々は、今も尚、私と文通している。また、全国の無期囚も続いて文通している。「短期刑の人とは違う何か真剣なものがある」と私は思う。と言うのは被害者との命のやり取り、裁判で自分の命のやりとりを経験してきた者の姿ではないだろうか。なかには死刑から無期囚を勝ち取った者もいるので「生きる」ことと「死後」のことに真剣に向き合うのだろう。

　刑務所で講演するとき、私は水を得た魚のようになる。ここが自分の漁場だと感じる。しかし、海外の刑務所とは違い、日本の刑務所は未だに進藤龍也の過去にフォーカスする。2021年現在、牧師稼業16周年目だと言うのに。

　それでも全国の教誨師の先生方の尽力で、刑務所での講演会が開催されるが、どれも1年がかりでやっと実現する。4つも5つも刑務官幹部の判子が押され、最後に所長の判子で実現可能となる。しかし、所長の任期は、ほぼ1年である。去年の所長がオッケーだと言うことで、企画を出して判子が幹部に上がっていく途中で所長が変わったりすると、没になることがある。

　実はこれまで神戸刑務所、奈良少年刑務所でキャセルになったことがある。理由は私が元暴力団だからである。こっちは一年前から予定を刑務所に組みスケジュールしているのに、まさに自分の「人生のツケ」である。自分が悪いのだから何も言えない。

しかし、心に思う。サタンにいっぱい食わされたな！と。なぜなら、受刑者は身を乗り出して真剣に聞いてくれるのは明白である。そして何人かは信じて救われる！　それを邪魔されたのだ。人生やり直そうとするチャンスを奪われたのだ！　しかし、神のゴットタイミングがあり、必ず他の刑務所から依頼が入る。（逆に聖霊によるストップかもしれないけどね）

いずれ時が経って、進藤龍也の偏見が法務省や刑務所職員関係者になくなることを信じている。よく考えれば、刑務所の中で暴力団同士の殴り合いの喧嘩をしたり、懲罰房や保護房にも入ったことがあるのが元受刑者の進藤龍也だ。私が服役している現場を見ているのが今の幹部連中だもの。牧師になったからとはいえ「あいつの本性は」なんて思っている幹部もいるかも知れない（笑）

刑務所を出所して 18 年。受刑者との文通、受け入れをし続けてきた。いつかは刑務所に自由に入れて、直に話したり講演したり、できる日が来ると信じている。これが私の夢！

海外では、わりかし自由にその日に入れてくれたり、講演できたり、中に入って面会室ではないところで受刑者と話ができたりする。いつの日か日本でもこうなれると信じる！

刑務所内の講演実績（国内）　順不同

岡山刑務所キリスト教（集合教誨）。岡山刑務所クリスマス。川越少年刑務所クリスマス。加古川刑務所クリスマス。山形刑務所クリスマス。山形刑務所キリスト教（集合教誨）。沖縄少年院。広島少年院。岡山少年院。網走刑務所釈放前教育。青森刑務所全体集会。函館刑務所教誨師会研究会。東北管区教誨師会研究会。

刑務所内の講演実績（海外）　順不同

ハワイオワフ島の刑務所と拘置所。アラスカ州アンカレッジの拘置所。ベトナムの刑務所。台湾の刑務所 4 箇所で証。韓国の春川少年院。フィリピンのモンテンルパ刑務所。

本書ができるまで
半田龍一郎という男

　コロナ禍になる前のこと。「ザアカイの家」をお茶の水クリスチャンセンターで毎週木曜日の夜に礼拝をしていた。(現在は新会堂が与えられたので新会堂に移している。)

　そこではマタイの福音書を一節も漏らさずに講解説教をしていた。マタイの福音書が終わるまで結局2年近くもかかってしまったが、主題説教が中心だった私にとって、とても意味あるものであった。いのちのことば社から出版した「あなたにもある逆転人生」からもう4年も著書を出していないなぁ。これまで私や教会の神様の働き、証中心の本だったので、今度は聖書のみことばの本を出したいなぁと思っていた。

　たまにだけど、本を出したいと祈りながら、マタイの福音書の講解説教をしていた。完全原稿を作らない中で(日曜日は主題説教)聖書に書き込みをしながら、それこそ聖霊フレーズと自分で名付けているが、どう考えてもこの知恵の言葉は天からの言葉だ！　というようなことがあった。YouTube には記録してあるにしても、これをちゃんと文字にして残しておきたいなぁ。

　なんて思っている所に、この本の編集者、半田龍一郎が登場！
「先生のマタイの福音書良いっすね！　これ本にしませんか！？」
　来たね！　キタキタ！　神の答え。

　このことがあったので、今は完全原稿ではないけれど日曜礼拝はヨハネの福音書を講解説教していて、いつでも本ができるように完全原稿ではないけれど形に残してる。

　ある日、冒頭でも触れた「ザアカイの家」に半田 龍一郎が来た。だいたい、この男と会うことすら数年ぶり。交通事故に遭ったこと

すら知らなかった。聞けば聞くほど痛々しい。だけど「これは治る」という確信があった。治るから来たんでしょ！　ここに！　聖書の本を出すにあたっては神の働きなんだから、治るに決まってんじゃん！　って確信がすぐに与えられていた。だからいつものように礼拝堂の中でみんなで手を置いて癒しの祈りをした。

　その後のことは本人が編集後記で書いているから読んでね。

　上巻でも少し触れたけど、インターネットで俺の悪口を書いてきた奴（今は友達）の紹介だったので、もしかしたら、コイツも俺の知らない所で誰かの悪口でも書いている人なのかもしれないと思っていたのは否めない。しかし、気持ちよく付き合っていた。だいたいが、同じプロテスタントとはいえ、聖公会というのは、乱暴な言い方をすれば半分カトリックみたいなもんだと思っている。それにお堅い教理のイメージ。そんな遠い世界のキリスト教派にいる半田龍一郎が「ラッパー」で「神の国と神の義」という古い讃美歌をアレンジしてラップにして歌いこなす。イメージしていた聖公会と全然ちがう！　おったまげた。100キロを優に超える巨漢で、新人のお笑いタレント真っ青な風貌で歌うラップ賛美を一発で気に入ってしまったのが俺！　歌も上手いんだよね。YouTubeで罪友ラップ賛美と検索すれば当時の画質が悪いカメラでの映像がある。

　見た目や、バックボーンとは違う正統派（自分で言うな）の俺と、半田龍一郎が組んでつまらねぇ聖書の話を提供するわけがない。

　聖書がこんなに面白いなんて！　と好評を得ると正直ニンマリする。読む方もニンマリすること間違いなしだ。クリスチャンにも、ノンクリスチャンの助けにもなる本書はこうして作られた。

母教会シロアムキリスト教会と鈴木啓之牧師

　キリストの弟子になる！と勢い良く出所したものの、付き合う友達はヤクザばかり。シャブの客からも電話が入る。こりゃヤバイ！元の世界に戻ってしまうと意を決して鈴木先生に教会に住み込ませて欲しいと嘆願。「いいよ」とあっさり快諾。土足で上がる会堂に寝袋を持って寝た日を一緒忘れないだろう。これが原点。ここから始まる第二の人生！

　ある日、五島列島から牧師さんがシャブ中を連れてくる。牧師直々の介入で私の分まで布団が与えらる。ラッキー！神に感謝。その子と入れ違いで九州からヤクザ組織から逃げてきた若いのが来た。ほどなく、山口組から1人の青年もやってくる。彼はのちに牧師按手を受けることになる二上英治だ。彼と手を握り「開拓伝道ができる牧師にさせてください」と毎晩祈った。そんなこんなで、ヤクザもまともにできない我々を受け入れ、住まわせてくれる人他にいる？居ないよね。この恩は忘れてはいけない。しかし当時の私はよちよち歩きの信仰で、当時の彼女が教会に行けなくなった事情で私も、それに流されて教会から離れてしまった。しかも、神学校の推薦も鈴木先生に書いてもらっているというのに。本当、どーしょーもねーなー！と、自分を振り返れる。牧師になって鈴木先生に対する懺悔が強くなる。

　それでも神学校に相談して、学びは続けさせてもらっていた。師でもある中野雄一郎牧師とはこの時からの信仰の育ての親である。生みの親は鈴木啓之牧師と言っていい。洗礼を授かった鈴木先生はやはり命の恩人なのだ。

　この住み込み当時に私たち元ヤクザ3人を雇ってくれたのが（現在4人目の）妻となる由美のお母さんである。その当時、妻とは全

く面識はない。仲人は中野雄一郎牧師。

シロアム教会に私が来たばかりの頃、掃除中にシャンデリアを壊してしまった。「やっちまった！」どやされると覚悟したんだけど「そんなもん買えばいい。怪我ない？　大丈夫？」と言われて、物より人の存在を大事にすることの大切さを本当に感じて感動して眠れなかったことを覚えている。

やがて18年後、私たちの罪友教会の新会堂が建設され、初礼拝の前にワックスがけを教会員でやっていた時のこと。ピカピカのフローリングの上に教会員が大きな脚立を倒して傷がぽっこり着いてしまった。みんなはもとより、倒した本人が青くなっている。私はそんなことよりも、その人が無償の愛で建築に関わってきている感謝しか思い浮かびませんでした。同じように、「怪我はないか？使えばすぐに汚れる会堂だし」と慰めた。

こんなエピソードもある。住み込みしている時は、九州の元ヤクザがお金を持っててね、その金で飲みに行こうと、それで毎晩飲み歩いた。それがさすがにバレるわな！鈴木先生に怒られました（笑）怒られたというより呆れられ「たっちゃん何しにきたの？」この一言で我に帰ることができたことも忘れられません。

今はこうして偉そうに住み込みに遵守事項を守らせてはいるけど「ま、俺みたいに遠回りすることないよ」って教えてると思ってよ。

やがて神学校から開拓伝道が認められて牧師按手を推薦された時に、恩人である鈴木啓之牧師の許可なく牧師には成れないと強く思い、意を決して鈴木先生に謝罪して、牧師の推薦の報告をしました。すると、本当によく頑張った！よかったね！と、言ってくださり、鈴木啓之先生と中野雄一郎牧師と岸義紘牧師（当時の神学校の校長で巡回伝道者）の３人で按手してもらうことになりましたが３人の日程がなかなか合わずにすごく待たされた！　それでも鈴木先生に赦された嬉しさでいっぱいだった。

いずれにせよ、不義理をかました私に赦しを与える姿は私の牧師

としての手本となっている。こうした恩人の一つ一つの愛によって今があることを私は決して忘れてはならないと思っている。

　私の住み込み時代のエピソードなどは中経出版「人はかならず、やり直せる」にあるので、絶版でも電子書籍にあるのでよかったらご覧ください。

罪人の友 主イエス・キリスト教会
旧会堂 外観

イエスの一生

「死と復活」前後

約30年　約3年　3日目に復活　40日　10日

イエス誕生　　イエス　　　イエス　　イエス復活　　イエス昇天　聖霊が降る
（**クリスマス**）　　宣教開始　　十字架刑　（**イースター**）　　　　　　　（**ペンテコステ**）

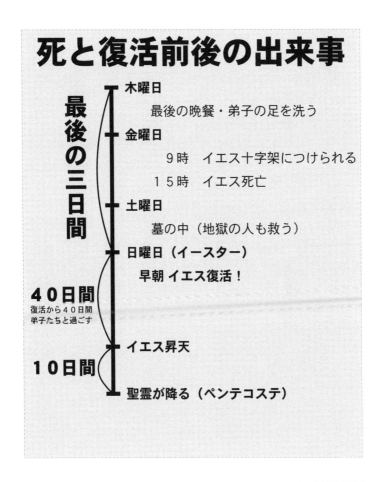

死と復活前後の出来事

最後の三日間

木曜日
　　最後の晩餐・弟子の足を洗う

金曜日
　　　9時　イエス十字架につけられる
　　15時　イエス死亡

土曜日
　　墓の中（地獄の人も救う）

日曜日（**イースター**）

早朝 イエス復活！

40日間
復活から40日間
弟子たちと過ごす

イエス昇天

10日間

聖霊が降る（ペンテコステ）

あとがきに代えて
「収税人マタイ」という男

マタイとは言わずと知れた収税人。ローマ帝国の税金をユダヤ人でありながら、ユダヤ人から取り立てる。これは為政者ローマが編み出したシステムだと言われている。ユダヤ人は、為政者ローマを嫌っている。これ以上、反感を買い、繰り返される反乱を少しでもなくそうという苦肉の策だとか。

イエス・キリストの言葉に「それでも悔い改めないのなら、罪人や収税人のように扱いなさい」というのがある。それだけユダヤ人コミュニティから、ユダヤ人でありながら阻害され、除け者にされていたのが収税人たちであった。

そのマタイが毎日、収税所に座って、何を思い、何を考えていたのだろう？ 変えられない収税人としての立場。白い目。嫌われ者。今でいうヤクザ者。世間様からの信用を失い、やり直せることなんて皆無な現実の中を、生き抜くために、世に反発するように生きてきたのではないだろうか？

だから、ユダヤ人でありながらローマ帝国の手先となり、ユダヤ人から余計なお金をふんだくり憎まれて、もうどうせユダヤ人の中に戻れないんだから「どうにでもなれ」と、人生を諦めていた人たちではないか？

そんな男が、預言者とも、キリストとも噂されている、時の人！ イエスという、あの奇跡と癒しを行う人からの招きに、ためらいもなくついて行く様には感動する。

平成ヤクザとゴスペルと題して万座温泉のチャペルタイムで講演したとき、このマタイを紹介して平成ヤクザの私と重ねたのであった。

昭和 45 年生まれの私は平成元年に高校卒業の年（卒業はしていないが）で 18 歳。実は私は平成元年にヤクザデビューしている。そして平成 14 年に正式に足を洗うことができ、2 年間神学校に通い、令和 3 年の今、教会開拓満 16 周年を迎えようとしている。

　マタイはキリストについて行って、先ず自分たちの友人を集めて大振る舞いをした。これが自然に起こる喜びだよね。周りの人々は、口々にキリストを罵ったんです。もちろん、マタイもでしょう。マタイは初めから社会のゴミ扱いですから。

　世の中のエリートたち。神の預言者と言われているイエスが、罪人とパーティして飯を一緒に食べる（当時は罪人と食事はしない）

　周りの人たちは、なんで？　どうして？　と弟子たちに聞いてくる。

　キリストは毅然とした態度で言い放ちます「私は正しい人ではなく罪人を招くためにきたのだ！」と。カッコいいー！痺れる！

　人生を、はかなんでいた、これから人生をやり直そうとするマタイの完全な味方に立ち、擁護して放つ言葉に、マタイはさらにキリストに惚れ込んだことでしょう。この人のために命を捨てると。

　しかし、人生そんな甘いもんじゃありませんよ。結局、ペテロ共々、弟子たちは全員ヨハネを除いて、キリストを置いて我先にと逃げていってしまうんだから。

　しかし、復活の主イエス・キリストは、初めっからそのマタイの弱さを知ってて、初めから赦してて、初めから愛し抜いていて「マタイ」をもう一度、奮い立たせるんですね。

　そして、奮い立ったマタイが書いたのが、このマタイの福音書です。新約聖書の初めを飾る、このマタイの福音書なんですね。

　お金を不正にだまし取って、お金を数えるその指は、キリストを伝える指に変えられた！

これがキリストにある新しい命！

聖書というのは神の言葉で
「GOD（神）」と「SPEL（言葉）」＝「gospel」（ゴスペル・神の言葉）。
　神の子イエスが人となって現れて、マタイのような人を救おうと、自らの命を犠牲にして十字架にかかり死んでくださったこと！
　そして死を打ち破って復活なさった！
　これが良き知らせ「gospel」なのだ。

　君もマタイのようになれる！そう思ったら、そうなれるんです。
　キリストはいう。「あなたの信仰の通りになれ」と。それにはキリストに繋がり続けることが、唯一の秘訣であり方法であると私は確信を持って言える。

何を根拠にそういうの？
「私の生き様」を持ってです！

　こう言い放つクリスチャンが増えることと、マタイのようになれると思える人が増えるためにこの本を書きました。
　この本を上巻から作るにあたり信仰の友である、みつば舎（はるかぜ書房 キリスト教部門）担当編集の半田 龍一郎さん。
　はるかぜ書房株式会社の鈴木社長に心から感謝を申し上げます。

　この本を読む方の上にキリストの恵みと平安がありますように。

著者 進藤龍也

［罪人の友］主イエス・キリスト教会
信仰を支える3つの柱

① 原点！を忘れないこと
　（謙遜を身につける）

② 感謝！神と人に助けられたことを忘れない
　（感謝の心を養う：高ぶらないために）

③ 使命！
　（明確なビジョン神と共に見る夢、目的）

刑務所伝道

　罪人の友　主イエス・キリスト教会と共に歩んできた刑務所伝道です。私自身が3度の服役を繰り返すシャブ中ヤクザでした。その人生を変えたのはイエス・キリストとの出会いです。このキリストに会って人生が変わらない人はいない。刑務所に入ってしまった人の実に55％は一生、刑務所の出入りを繰り返すのです。私の経験上、だれでもキリストのうちにあるなら変われるのです。

　実際に刑務所で講話もしますが文通や面会の地道な伝道を主として、行き場のない刑務所帰りで頼ってきた人たちを礼拝堂で寝泊りさせて3食を与え自立まで伴走します。5人に1人自立まで行けたら御の字です。自立して教会から離れる人は優等生です。そのまえにほとんどの人は刑務所に逆戻りです。しかしこの働きを止めないのはきらりと光る逸材を発見するからです。

　明治のリバイバリストは貧民のために、犯罪者更正のために、遊女のために、労働者のために、孤児のために尽くしました。私はそういう人生に魅力を感じます。きっと主イエス様がこの現代に現れたらそのようなものたちのところに行くと思うのです。

キリスト者となったからには愛する日本のためにキリストと共に命をかけたい。

　安心して住める日本をめざしてともに歩んでいきませんか！？

同じ匂いがした男

　これまで数多くの方々からお手紙や面談にて相談をいただき人生やり直しのお手伝いをさせて頂いた。しかし彼のように最初から自分の必要をはっきりと訴えてきた者が他にいただろうか！

　進藤龍也、若き日の彼だ！　刑務所に行く前に自分に与えられたチャンスを活かすべく自らの必要を手紙数十枚にしたため彼は送ってきた。内容は刑期軽減のために裁判にて情状証人になってほしいとのことだった。それが彼との最初の出会い！

　いきなり送られてきた時はびっくりしたが、それと同時にその文書能力に驚いたことをはっきり覚えている。そのことがきっかけとなり出所後、彼はやり直しのために、私が牧会するシロアムキリスト教会にて出来たばかりの、やり直しハウス一期生として新たな人生のスタートをきるのである。

　その日から彼の歩みは決して平坦なものではなかった。沢山の困難と言葉に言い尽くせない大変な戦いの日々であったはずである。

日々自分が負うべき十字架を背負い、主に守られ支えられ、兄弟姉妹に励まされて、いまの素晴らしい伝道者　進藤龍也が誕生したのである。

　彼は語る！　誰でも人生やり直せると！　進藤牧師の言葉は真実だ。彼が人生のどん底で出会い知った良き知らせがこの福音書を通して迷える人達の道標となり救いとなることだろう。

いま進藤牧師は会うたびにこう言う。先生、私がいつも謙遜であれますように祈ってください！　そんな彼に出会い、そんな彼に関われたことを私は主に在て光栄に思う。

シロアム・キリスト教会 主任牧師　鈴木 啓之

編集後記

　「進藤龍也牧師と聖書の本を作りたい」という、この企画の構想には文字通り事件がありました。2017年の年末、私が車で六本木の交差点で信号待ちしていたらタクシーに追突され頸椎捻挫になりました。追突された直後は、何が起きたか分からず窓の外を見ると交通整理の警察官がいました。あれよあれよと警察官が十人以上集まって来て、ふと「あ〜　進藤龍也牧師がパクられた時は、この三倍の警察官に囲まれたんだ」なんて思ったのは内緒です（笑）

　事故直後は首に違和感があったもののアドレナリンが出ていたためか平然としていて、事故処理をしていた警察官から「明日の朝、メチャクチャ痛むよ」と言われても、特に問題意識もありませんでした。病院に行き、保険会社に連絡し、自宅に戻ると、緊張の糸が切れたのか異変が起きました。　**ペットボトルが開けられない**

　次の日の朝には起きようとしても何処に力を入れてよいか分からず、すぐに起き上がれない状態になってました。交通事故に遭って警察官が心配していたら恥ずかしがらずに救急車を呼んでください。

　この日から辛い日々が続きました。タクシー会社が即全面降伏する１００：０案件で、完全なタクシー運転手の過失事故でしたから、加害者を恨みました。

「痛い」→「あの野郎！」→「更に痛みが増す」という負の連鎖を繰り返す日々です。

　一週間ほど経って、あることに気が付きました。

あっ　祈ってない

　クリスチャンで良かったと実感しました。だって体がほとんど動かない状態でも祈ることは人並みにできるんですから。「あの野郎！」と心を乱されることも、激情して「更に痛みが増す」ことも、すっかり無くなりました・・・　えっと本当は少しずつ無くなりました。

ただ、確実に変われたのは悪感情が芽生えた時に「こっちじゃない」と神様に向き直れることで、身体的にも精神的にも良い方向に向かったことです。

そんなある日、知らない女性から電話がありました。交通事故の加害者の親族とだけ名乗り（後日、相手方の弁護士から加害者の妻だと判明）、私に向かって罵詈雑言の限りを吐き出して、最後は脅し文句を言い放ち、一方的に電話は切られました。当然、かけ直しても繋がりません。瞬間的にカッとなりブチ切れた瞬間、首に激痛が走りました。私は、また繰り返しちゃいました。その時、交通事故直後に思い出した人の名前が浮かびました。そうです進藤龍也牧師です。進藤龍也牧師はネットで好き放題叩かれていました。それはもう酷い状態でしたが、**進藤龍也牧師は「赦す」と宣言します。**こういった精神状態に辿り着く源流は、いったい何なんだ？

うん「聖書」だな。　「よーし、体が動くようになったら、聖書の本の企画を携えて進藤龍也牧師を口説こう」この目標は辛いリハビリの励みになりました。本調子とは言わないまでも少しずつデスクワークに戻れた頃、久し振りに進藤龍也牧師に電話しました。「断られたって何度でも電話しよう」「なんなら教会まで直談判しに行こう」なんて息巻いていたのを覚えています。単刀直入に「聖書の本を作りませんか？」という私の問いに、進藤龍也牧師の返答は**「祈りが通じた」**でした。　祈りが交わると凄いパワーを生みます！

編集会議は、祈って聖書を1節ずつ丁寧に読むことからはじまりました。率直に進藤龍也ってすげぇなぁと感じたのは、ほぼ全ての聖書箇所にまつわる証があったことです。

「俺、証の本しか出してねぇから聖書の本は売れるかなぁ」と、進藤龍也牧師は言います。しかし、この「元極道牧師が聖書を斬る！」シリーズは進藤龍也の証集だと言っても過言ではないはずです。

上巻を制作中に思い出す出来事があります。

　当時、頸椎捻挫の通院時にタクシーを降りて病院に向かう私を偶然見た地元の友人が久々に電話をくれて**「おまえ、ペンギンみたいだったよ」**と言われるぐらい文字通りヨチヨチ歩きな状態だったのですが、何故か思い立ち、当時はお茶の水クリスチャン・センターで開催されていた。進藤龍也牧師主宰の「罪人の友」主イエス・キリスト教会の姉妹教会「ザアカイの家」に行きました。地元の駅に着いて休憩。新宿駅に着いて休憩。御茶ノ水駅に着いては休憩と三回の休憩が必要で、通常一時間弱で到着する行程を二時間以上かけて、なんとか会場に辿り着くのでした。

　集会の後、進藤龍也牧師が私を呼びつけ椅子に座らせ、参加者に私のための祈りを呼び掛けてくださいました。参加者の三十人ぐらいが私を囲み、ある方は頭。ある方は首。ある方は背中。ある方は腕。ある方は手の平。ある方は足。と私の体中に触れて祈ってくださいました。

　よ〜く考えると頸椎捻挫の私は、頸椎や背骨を通じて体中が痛い状態で、ちょっと触られるだけで激痛が走るんです。ごめんなさい。正直言うと**メチャクチャ怖かったです**。たくさんの方に囲まれて内心ビクビクしてました。**でも全然痛くない**。それどころか、みなさんに祈ってもらうと全身がポカポカしてきて、**何かが変わる実感**がありました。

　散会後、御茶ノ水駅から少し離れた喫煙所に行く心の余裕ができました。一服している時に気がつきました。「あれ？　さっきまで左手が上手く動かなかったんだけど、左手で器用にタバコ出した！」帰宅して気がつきました。「行きは三回も休憩したのに、帰りは一回も休憩してない！」　祈りのパワーを実感した体験でした。

　進藤龍也牧師の罪友教会には、癒しの証がたくさんありますが、私もその一人に加えられました。

最後に、この下巻の出版が大幅に遅れたのは、コロナ過の影響で編集会議が思うようにできなかったのも原因の1つではあるのですが、ほとんどが私の責任です。お待ちいただいていた方すべてに、本当に申し訳ありません。

　頸椎捻挫のリハビリを整形外科で続けても全快には至らず、ここってヤブかも？　なんて思っていたある日、ドクターから「あなたの訴えてる痛みは整形外科の範疇じゃないかもしれない」と血液検査を勧められました。翌週、検査結果を聞きに行くと「数値が酷すぎるから、すぐに内科で精密検査せよ」とのこと。意を決して内科で検査すると、生活習慣病ほぼコンプリートしてました。怠惰な食生活が原因で整形外科のドクター疑ってごめんなさい。

　こんな状態でしたので、今年のゴールデンウィークはずっと寝込んでしまいました。なんとか下巻の原稿は揃ったのに体が言うことをきかず、編集作業が思うようにいかず、下巻の出版が見えない焦りが続きました。進藤龍也牧師にも「申し訳ない」とメッセージを送る日々。ただ、何故かゴールデンウィーク明け頃から体調が戻ってきて編集作業を終えることができたので、進藤龍也牧師に電話で報告しました。**「もしかして、私のために祈ってくれました？」**という私の問いに、電話口からも満面の笑みがわかる口調で進藤龍也牧師は**「モチロン」**という返答。そして、後になって知ったのですが、進藤龍也牧師はFacebookや祈りの会で「出す予定の下巻の編集者が病気だから祈って欲しい」と、様々な方に呼び掛けてくれていたのでした。

　私は進藤龍也牧師に頸椎捻挫のための祈りしかリクエストしていませんでした。他の病気が発覚し、祈りのリクエストを追加した途端、ピンポイントにバチーンと祈ってくださった効果は抜群でした。

　この本を手に取ってくださった、すべての方へ

神様の祝福が豊かにありますように。

みつば舎 担当編集 半田 龍一郎（MC Roo）

進藤龍也 主なネット活動

ブログ：進藤龍也牧師のヤクザな日記

https://ameblo.jp/1st-geocities-churchl/

日々のデボーションや巡回伝道の報告などをあげている Ameba ブログ。三日坊主の進藤龍也がトラクトポスティング伝道で教会開拓間もない頃に職質を喰らいインターネット伝道に切り替えました。その第一歩が Ameba ブログだった！

Twitter：

https://twitter.com/tsumitomo893

説教などで、ふと出た知恵の言葉や、デボーションなどで得た聖霊の知恵のフレーズなどをピックアップして載せている。

Instagram：

https://www.instagram.com/jintenglongyetasuya_shindo/

何気ない日常や礼拝の写真を載せている。

Facebook：

進藤龍也の講演会　巡回予定

https://www.facebook.com/amentatsuya/

進藤龍也の巡回伝道・講演会などの予定がわかる。

罪人の友　主イエス・キリスト教会

https://www.facebook.com/tsumitomochurch/

礼拝の生配信などもしています

YouTube チャンネル

「罪人の友 主イエス・キリスト教会」公式チャンネル

ライブ説教も配信してます。

https://www.youtube.com/channel/UCbT-X6_lqmzmqLgdHQJAKKw

TATSUYA- たっちゃんねる　進藤龍也の個人チャンネル

https://www.youtube.com/user/churchljc

 「罪人の友」主イエス・キリスト教会公式サイト

https://tsumitomojesus.wixsite.com/tsumitomo-honbu/

進藤龍也 検索

進藤龍也 SNS など

Twitter

@tsumitomo893
説教などで、ふと出た知恵の言葉や聖霊の知恵のフレーズなどを載せている。

Instagram

@jintenglongyetasuya_shindo
何気ない日常、礼拝をあげている。

Facebook

 @amentatsuya
進藤龍也の講演会・巡回
予定を告知している

 @tsumitomochurch
罪友教会公式ページ
ライブ説教も配信してます。

YouTube

 @churchljc
進藤龍也の個人チャンネル

 **@UCbT-X6_lqmz
mqLgdHQJAKKw**
罪友教会のチャンネル

 ## 進藤龍也牧師のヤクザな日記
https://ameblo.jp/1st-geocities-churchl/
進藤龍也個人のブログ

罪人の友 主イエス・キリスト教会
活動案内

礼拝・集会案内

日曜礼拝　１４時〜

木曜礼拝　１９時〜　（ザアカイの家）

金曜祈祷会　９時〜

※ 月曜日は完全休業

※ 他、依存の学びなど幅広く学びの機会を提供しています。
　 毎年、癒しと赦しなど様々なセミナーを開催しています。

罪人の友 主イエス・キリスト教会

〒334-0013

埼玉県川口市南鳩ヶ谷 5-16-18

048-278-9778

いのちのことば社刊行
進藤龍也著書紹介

立ち上がる力

「人はいつでも、どこでも、必ずやり直せる。」前科十犯、服役三回の元ヤクザの牧師が、拘置所の独居房の中で神の愛に出会い、「変えられた」。自分を立ち上がらせたその真実の愛を少年院にいる子どもたち、その親たち、被災地支援の現場に向けて語った講演集。

単行本　：1,320 円（税込）
Kindle 版：1,100 円（税込）

あなたにもある逆転人生！

薄暗い独居房に突然差し込んだ一条の光。男はその衝撃の言葉にすがり、そこから生き直しの旅を始めた――キリストに惚れ、福音にいのちをささげた元極道の熱血牧師が、更生後も決して順風満帆ではなかった自らの道のりを振り返りながら語る、どんでん返しの人生論。

単行本　：990 円（税込）
Kindle 版：880 円（税込）

著者：進藤 龍也プロフィール

中学時代から札付きのワルで、高校を喧嘩で退学後、18歳でスカウトされ暴力団の組員になり、28歳で組長代行まで出世するが、覚せい剤にはまり破門される。

3回目の服役中、ある女性から差し入れられた聖書を読んだことがきっかけで、今までの人生を猛省し回心する。

出所後は正式にヤクザから足を洗い、シロアムキリスト教会で洗礼を受け、JTJ神学校入学。

神学校2年に在学中から開拓伝道を開始し、実母が経営していたカラオケスナックで礼拝をはじめる。

現在は「罪人の友 主イエス・キリスト教会」「罪人の友 ザアカイの家」の主任牧師として活動する傍ら、海外を含めた全国各地の伝道集会・講演会などに招かれ巡回伝道者として認知度を高め、毎年5人以上を洗礼に導いている。

文通、面会を通して、日本各地の受刑者と牧師として交流し、イエス・キリストの福音を伝え、さらに出所後に行き場のない元受刑者たちを教会へ受け入れ社会復帰までのサポートを行う「刑務所伝道」を主宰。

岡山県基督教教誨師会準会員、刑務所伝道ミニストリー代表、VIP川口ホープチャレンジ代表（南三陸支援＆薬物問題アドバイザー）を歴任する。

人生の遍歴や活動実績などが評価され、テレビ出演・雑誌掲載など多数。

著書

2010年1月「人はかならず、やり直せる」（中経出版）
2010年4月「極道牧師の辻説法」（学研）
2011年6月「未来はだれでも変えられる」（学研）
2012年3月「立ち上がる力」（いのちのことば社）
2014年6月「あなたにもある逆転人生」（いのちのことば社）
2019年4月「元極道牧師が聖書を斬る！　マタイの福音書（上）」（みつば舎）

主なメディア出演

テレビ（国内）　ウェイクアップぷらす（日テレ）、サンデージャポン（TBS）、ワイドスクランブル（朝日TV）、報道特集（日テレ）、ベタンダード（フジTV）、水曜日のダウンタウン（TBS）、あなたは幸せですか（日テレ）、笑う質屋（読売TV）、各　地方局ニュース（西日本TV、九州、多数）他

テレビ（海外）　ナショナルジオグラフィック、アルジャジーラ、ロイター通信ニュース、ノルウェーTV、ドイツTV、ロシアTV、ロサンジェルス映画祭出展のドキュメント映画「June bride」他

雑誌　週刊女性、週刊女性自身、アエラ、サイゾー、週刊プレイボーイ、週刊大衆
月刊ナックルズ、月刊マッドマックス、月刊ビター　他

新聞　毎日新聞全国版、読売新聞埼玉版、東京新聞、朝日新聞埼玉版、日経新聞、北海道新聞、熊本日日新聞、陸奥新報、信州日報、クリスチャン新聞、キリスト新聞、他

著者略歴

1970年　12月23日に埼玉県蕨市で生まれる
1983年　中学入学。グレ始める
1986年　高校入学。ケンカが原因で1年2学期に退学
1987年　スカウトされヤクザになる
1988年　少年鑑別所に収監される
1989年　債権取立てによる住居侵入罪で逮捕されるが処分保留で20日の拘留で釈放
1990年　覚せい剤取締法違反で逮捕 懲役1年2ヶ月 執行猶予3年
1991年　覚せい剤取締法違反で逮捕 懲役1年2ヶ月
1991年　前科と併せて 懲役2年4ヵ月（松本少年刑務所）1回目の服役
1993年　出所 暴力団は除籍処分
1995年　覚せい剤取締法違反で逮捕 懲役2年10ヶ月（秋田刑務所）2回目の服役
1997年　出所 暴力団に養子縁組で復帰し組長代行に就任
2000年　覚せい剤取締法で逮捕 懲役2年4ヶ月（松江刑務所）3回目の服役
2000年　3回目の服役中に差し入れられた聖書を読み、塀の中で回心する
2003年　出所と同時にシロアムキリスト教会にて洗礼を受ける
2004年　JTJ神学校入学
2005年　神学校2年に在学中から伝道師として開拓伝道を開始
　　　　埼玉県川口市西川口にて「罪人の友 主イエス・キリスト教会」開設
　　　　同時期に「刑務所伝道」を開始
2008年　牧師として按手される（牧師資格を取得）
2011年　2つ目の教会となる「罪人の友 ザアカイの家」を開設
2019年　埼玉県川口市南鳩ヶ谷にて新会堂を設立

著者学校講演会実績　※順不同　2021年6月現在

東京都北区飛鳥中学。東京都北区田端川中学。市原市南総中学。つがる市柏中学。聖学院中学＆高校。国際大学付属高校。鴻巣市立川里中学。埼玉県立川口高等学校定時制。神奈川県立横須賀高校定時制。松徳学園中学＆高校。神戸市立葛西小学校PTA。掛川市立桜ヶ丘中学PTA。つがる市PTA連合会母親研修。IGLグループ幼稚園保護者会。鶴田乳幼児園保母研修。つがる市民間保育連合職員研修。埼玉県南生活指導教員研修会。広島三育学院中学＆高校講演会 特別授業。日本基督教団系幼稚園保護者。埼玉県立戸田翔陽高校定時制。クリスチャンアカデミー。青森県立田名部高校。東奥義塾高校講演会＆特別授業 今日仕向け講演会。トーチトリニティー大学院（ソウル）チャペル＆特別授業。城北高等学校。明治学院大学チャペル。昭島幼稚園保護者会。蕨市立第二中学。新潟県立高田高校定時制。十和田保育園保護者会。青梅市立西中学校。さいたま市M区PTA。千葉県養護学校教員研修会。埼玉県県南教育指導教員研修会。香里ヌヴェール学院中学高校。聖隷クリストファー中高。

みつば舎（はるかぜ書房 キリスト教部門）
http://3-ba.com　E-mail: info@3-ba.com

元極道牧師が聖書を斬る！
マタイの福音書（下）
昔極道・今キリスト教牧師　進藤龍也の源流

令和3年（2021年）9月30日　初版第一刷発行

著　者：進藤 龍也
編　集：半田 龍一郎
発行者：鈴木 雄一
撮　影：白井 直樹　（表紙・本扉・p178教会外観）
発売元：はるかぜ書房株式会社
　〒248-0027　神奈川県鎌倉市笛田6-15-19
　TEL 050-5243-3029　DataFAX 045-345-0397
〈印刷・製本〉株式会社エーヴィスシステムズ
ISBN 978-4-909818-09-6